MAZE MATH

Guide your car to the finish line by solving all the arithmetic problems along the way. Choose the path that matches the correct answer to move forward.

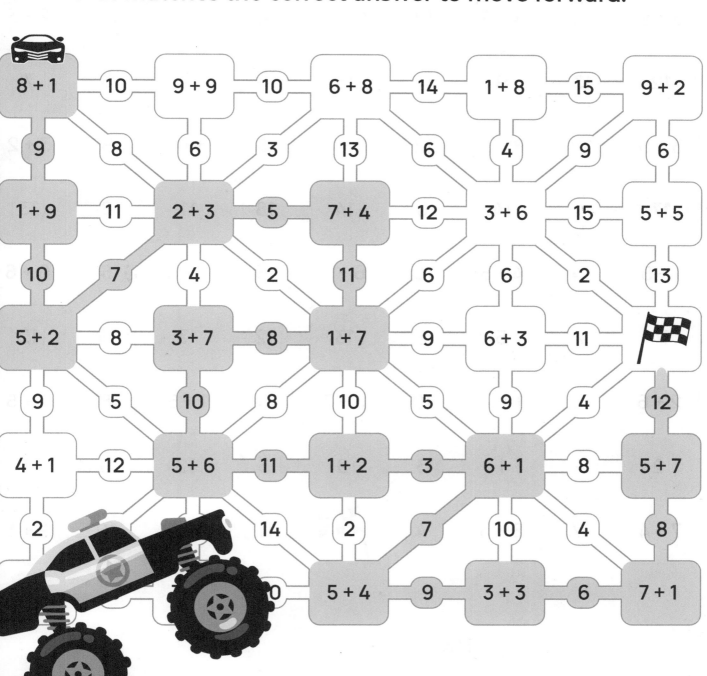

ADDITION

5 + 8	14	4 + 2	12	6 + 7	14	4 + 1	11	2 + 3
12	13	9	11	13	15	7	6	7
3 + 9	10	8 + 3	12	9 + 5	15	5 + 3	9	3 + 2
17	4	14	8	14	18	11	8	13
1 + 8	14	4 + 5	16	6 + 9	15	7 + 4	5	6 + 6
14	7	5	6	13	12	13	14	12
2 + 6	2	1 + 2	10	3 + 7	6	1 + 5	8	2 + 5
2	4	1	3	9	5	12	9	7
7 + 4	17	8 + 3	4	🏁	11	4 + 8	10	9 + 1

TIME:

SUBTRACTION

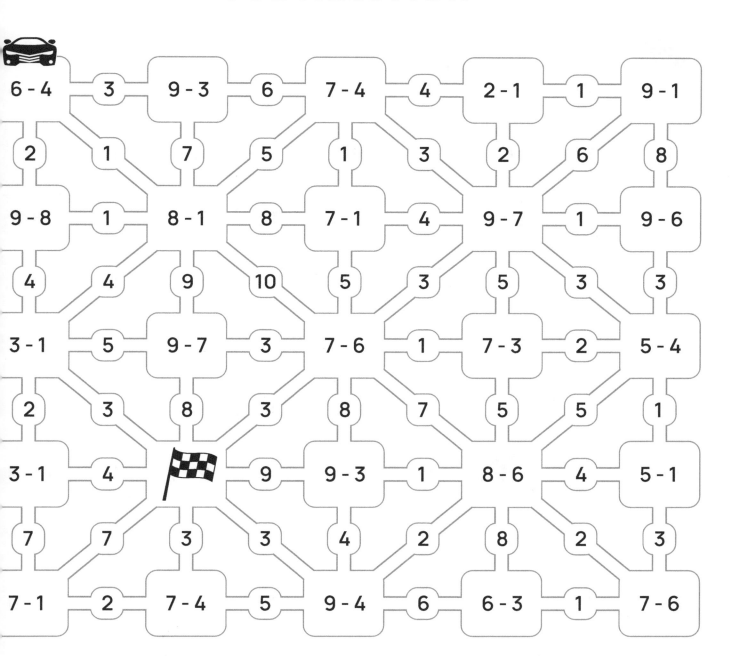

TIME:

ADDITION

7 + 4	12	2 + 4	9	3 + 7	11	7 + 6	8	9 + 6
11	10	12	13	10	12	13	11	3
7 + 9	17	6 + 7	14	5 + 6	12	5 + 3	15	1 + 3
16	4	15	11	11	14	9	15	18
2 + 2	5	3 + 2	15	9 + 7	17	8 + 4	10	2 + 3
6	2	2	13	16	19	11	12	10
7 + 1	14		15	6 + 8	14	2 + 7	10	8 + 9
6	7	13	9	12	6	7	9	17
2 + 5	11	5 + 6	10	3 + 7	12	3 + 9	16	7 + 9

TIME:

SUBTRACTION

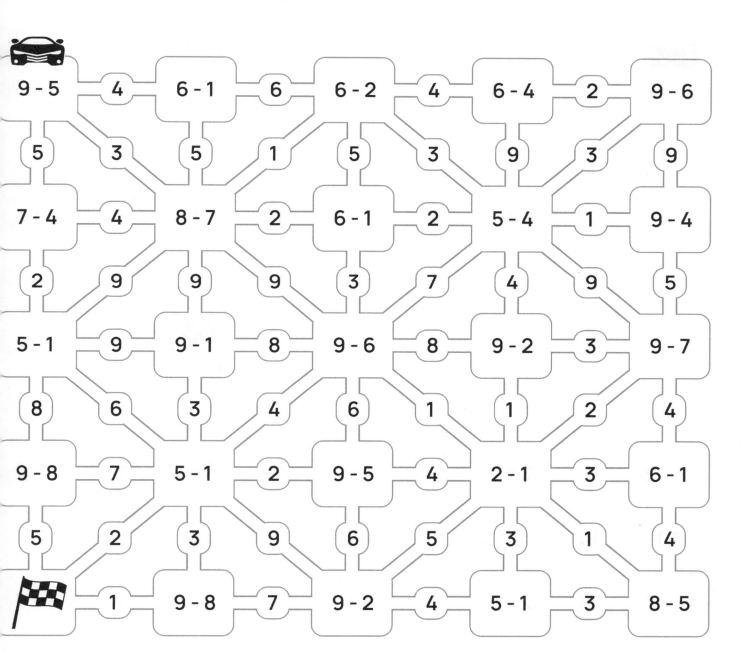

TIME:

ADDITION

5 + 7	3 + 8	1 + 8	1 + 7	3 + 1
5 + 2	6 + 2	3 + 3	3 + 3	9 + 3
4 + 2	2 + 5	3 + 2		7 + 2
9 + 2	7 + 7	9 + 8	3 + 9	1 + 4
6 + 7	2 + 5	6 + 2	2 + 9	3 + 7

TIME:

SUBTRACTION

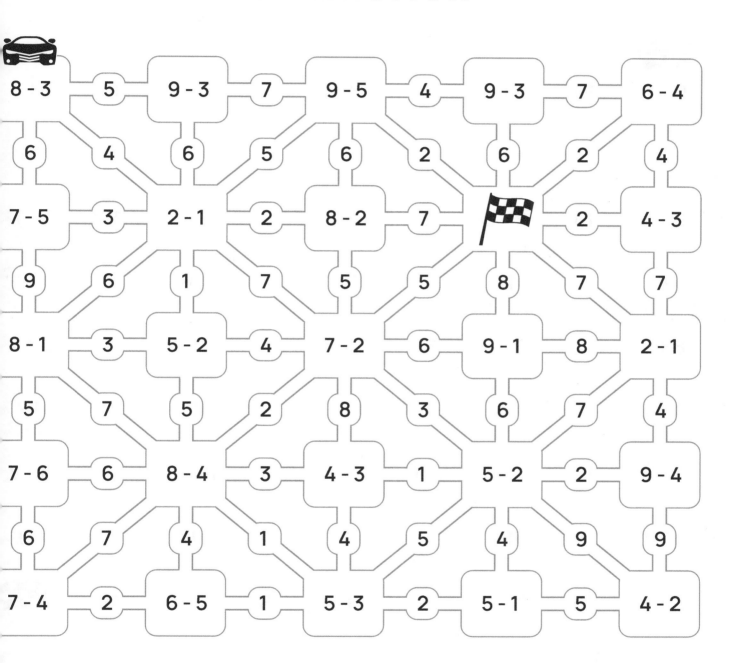

TIME:

ADDITION

5 + 5	10	8 + 1	8	1 + 5	4	5 + 7	16	7 + 8

5 + 5 — 10 — 8 + 1 — 8 — 1 + 5 — 4 — 5 + 7 — 16 — 7 + 8

11 — 9 — 9 — 14 — 7 — 12 — 11 — 9 — 15

9 + 5 — 10 — 2 + 9 — 12 — 4 + 1 — 8 — 8 + 1 — 10 — 1 + 1

8 — 7 — 11 — 8 — 15 — 16 — 6 — 7 — 2

8 + 9 — 12 — 7 + 6 — 14 — 8 + 8 — 7 — 1 + 6 — 8 — 8 + 7

6 — 4 — 13 — 8 — 7 — 8 — 11 — 9 — 15

3 + 5 — 11 — 7 + 3 — 10 — 6 + 2 — 8 — 6 + 5 — 12 — 3 + 7

7 — 3 — 12 — 7 — 6 — 2 — 13 — 14 — 10

3 + 6 — 13 — 7 + 1 — 5 — 1 + 2 — 6 — 4 + 8 — 15

TIME:

SUBTRACTION

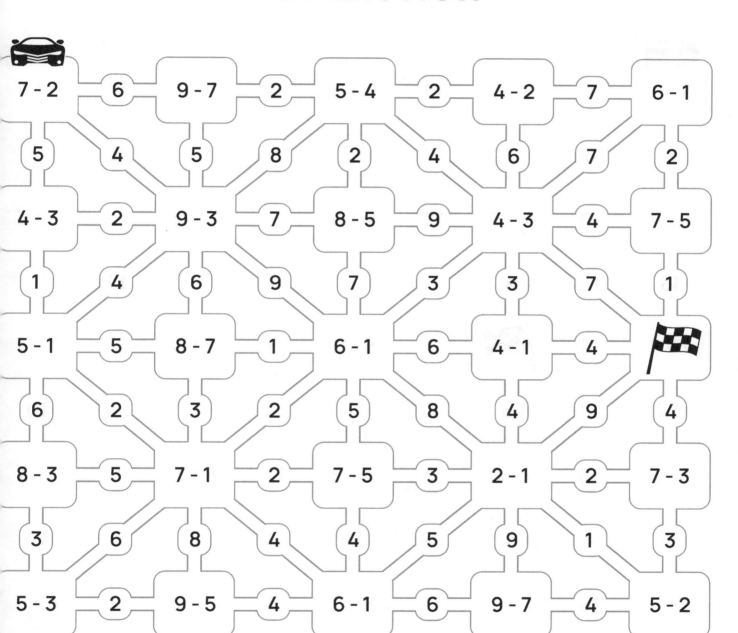

TIME:

ADDITION

1 + 5	7	6 + 1	13	5 + 9	9	1 + 8	10	3 + 4
5	6	13	4	14	3	6	9	9
5 + 7	10	6 + 5	12	2 + 6	5	4 + 2	8	5 + 3
13	11	9	8	8	17	4	13	11
7 + 7	15	🏁	7	5 + 2	6	2 + 6	12	7 + 4
14	12	15	10	14	2	7	5	10
8 + 8	16	7 + 6	13	3 + 9	12	4 + 1	6	1 + 3
15	4	11	5	10	9	3	8	12
1 + 5	18	1 + 8	15	8 + 2	8	6 + 2	2	4 + 3

TIME:

SUBTRACTION

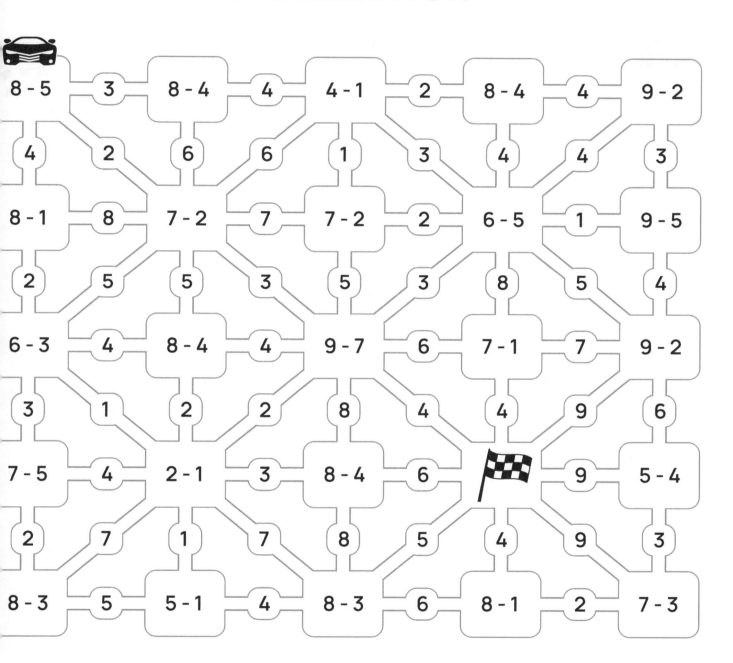

TIME:

ADDITION

1 + 6	8	1 + 9	15	5 + 4	4	1 + 4	7	
7	6	3	2	12	5	10	8	9
6 + 9	15	2 + 3	4	2 + 5	7	1 + 7	9	1 + 2
14	6	8	5	4	3	6	15	14
1 + 7	14	4 + 6	8	1 + 5	7	3 + 2	16	8 + 7
16	6	17	6	9	5	12	8	7
5 + 6	14	7 + 8	16	9 + 4	9	9 + 1	11	5 + 2
6	15	13	12	5	3	10	13	8
2 + 3	5	9 + 9	18	2 + 1	4	2 + 5	7	3 + 5

TIME:

SUBTRACTION

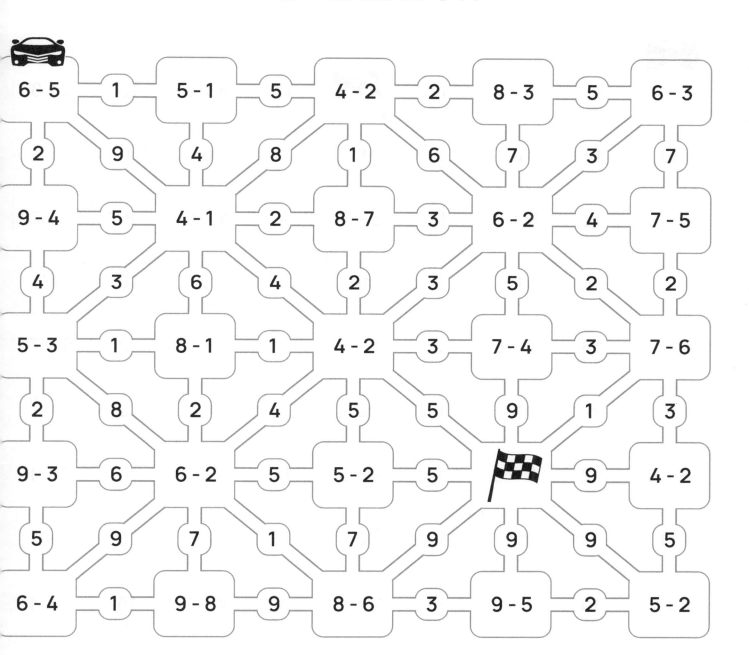

TIME:

ADDITION

7 + 7	15	1 + 8	17	🏁	17	8 + 9	12	3 + 3
13	14	10	9	8	7	6	4	3
6 + 7	12	8 + 3	11	8 + 2	9	1 + 6	8	3 + 2
9	5	13	8	10	3	9	10	13
4 + 4	16	2 + 6	5	1 + 5	7	1 + 8	12	5 + 7
8	6	15	6	9	2	15	19	11
6 + 8	12	8 + 5	9	9 + 5	14	8 + 8	16	7 + 4
11	13	11	10	3	5	18	13	10
9 + 1	10	7 + 9	16	2 + 1	4	4 + 5	15	5 + 4

TIME:

SUBTRACTION

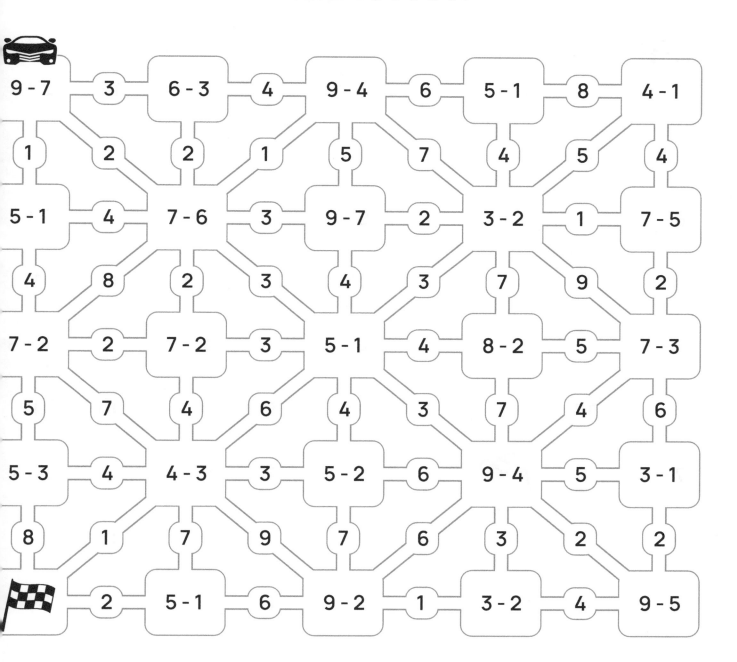

TIME:

ADDITION

8 + 9	18	6 + 2	1	1 + 1	3	4 + 3	14	2 + 4
17	16	7	5	2	4	7	7	4
6 + 5	11	2 + 3	6	9 + 9	19	1 + 8	13	2 + 7
10	2	3	14	18	6	3	14	11
5 + 3	4	3 + 1	9	4 + 4	8	2 + 2	4	9 + 3
6	12	6	5	10	11	6	10	12
7 + 3	8	🏁	9	5 + 4	14	5 + 9	5	3 + 1
4	14	12	3	7	5	13	11	4
5 + 4	16	2 + 4	4	2 + 3	11	4 + 7	12	8 + 4

TIME:

SUBTRACTION

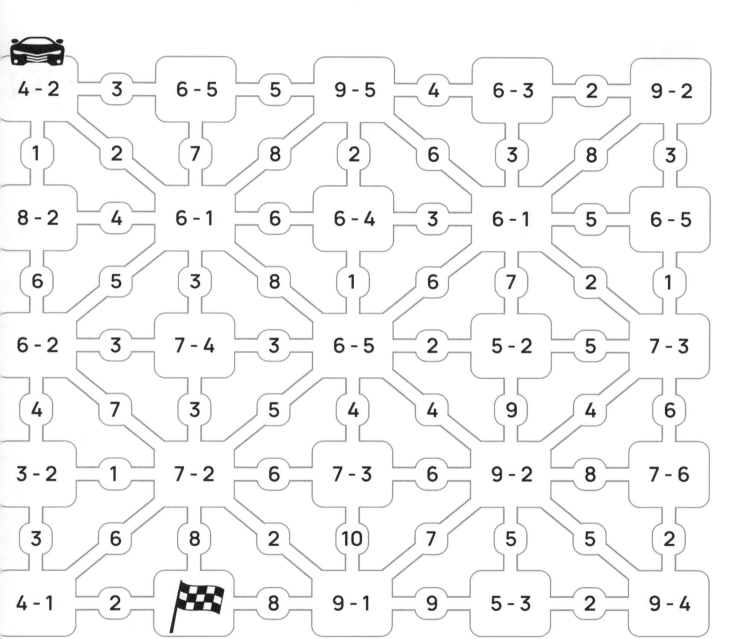

4 - 2	3	6 - 5	5	9 - 5	4	6 - 3	2	9 - 2
1	2	7	8	2	6	3	8	3
8 - 2	4	6 - 1	6	6 - 4	3	6 - 1	5	6 - 5
6	5	3	8	1	6	7	2	1
6 - 2	3	7 - 4	3	6 - 5	2	5 - 2	5	7 - 3
4	7	3	5	4	4	9	4	6
3 - 2	1	7 - 2	6	7 - 3	6	9 - 2	8	7 - 6
3	6	8	2	10	7	5	5	2
4 - 1	2	🏁	8	9 - 1	9	5 - 3	2	9 - 4

TIME:

ADDITION

5 + 5	11	4 + 2	3	9 + 1	15	9 + 5	14	
10	9	14	2	7	10	12	14	18
6 + 1	8	9 + 9	9	1 + 7	8	4 + 8	13	5 + 3
7	8	17	9	4	1	17	5	4
1 + 4	6	1 + 5	3	2 + 2	18	9 + 9	3	2 + 1
3	5	11	7	6	2	6	8	2
8 + 7	8	8 + 1	10	8 + 8	10	2 + 6	7	6 + 4
10	4	9	12	9	13	9	5	13
9 + 9	13	7 + 5	12	2 + 8	10	1 + 8	8	3 + 9

TIME:

SUBTRACTION

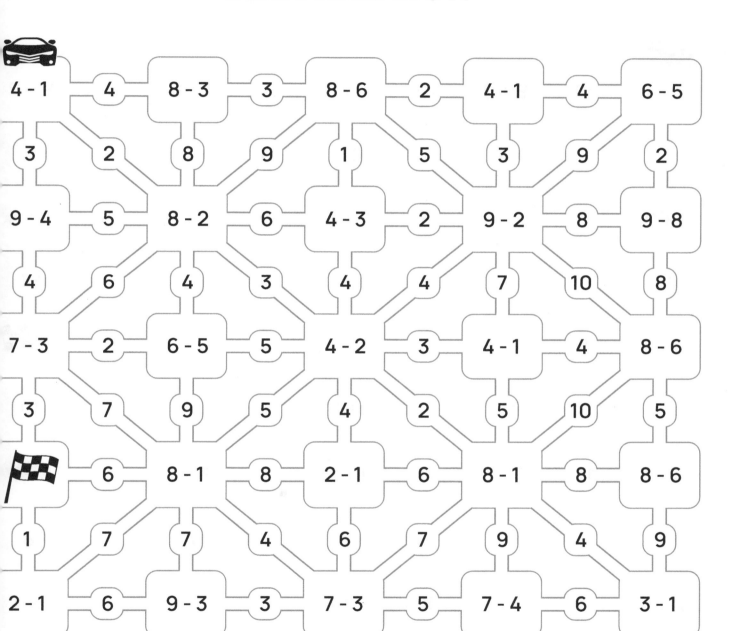

TIME:

ADDITION

8 + 1	10	9 + 9	10	6 + 8	14	1 + 8	15	9 + 2
9	8	6	3	13	6	4	9	6
1 + 9	11	2 + 3	5	7 + 4	12	3 + 6	15	5 + 5
10	7	4	2	11	6	6	2	13
5 + 2	8	3 + 7	8	1 + 7	9	6 + 3	11	
9	5	10	8	10	5	9	4	12
4 + 1	12	5 + 6	11	1 + 2	3	6 + 1	8	5 + 7
2	2	9	14	2	7	10	4	8
2 + 5	3	3 + 7	10	5 + 4	9	3 + 3	6	7 + 1

TIME:

SUBTRACTION

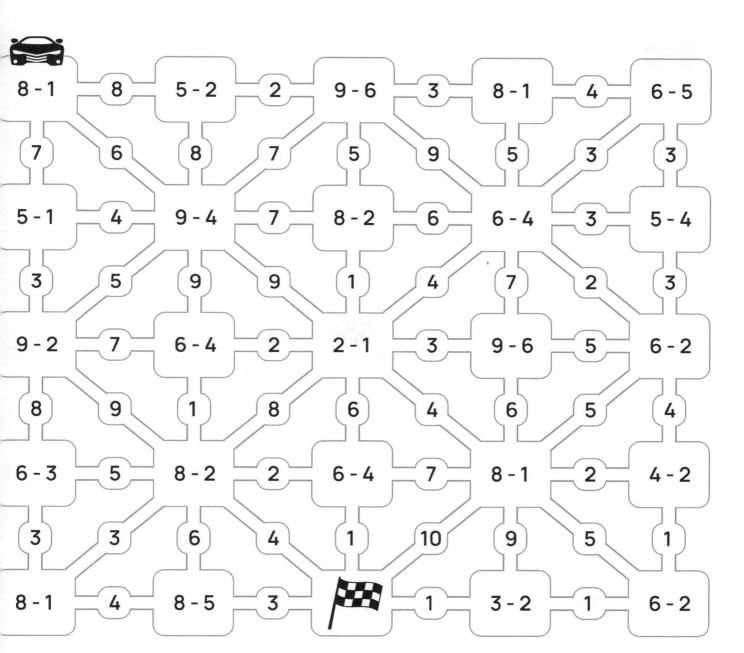

8 - 1	8	5 - 2	2	9 - 6	3	8 - 1	4	6 - 5
7	6	8	7	5	9	5	3	3
5 - 1	4	9 - 4	7	8 - 2	6	6 - 4	3	5 - 4
3	5	9	9	1	4	7	2	3
9 - 2	7	6 - 4	2	2 - 1	3	9 - 6	5	6 - 2
8	9	1	8	6	4	6	5	4
6 - 3	5	8 - 2	2	6 - 4	7	8 - 1	2	4 - 2
3	3	6	4	1	10	9	5	1
8 - 1	4	8 - 5	3	🏁	1	3 - 2	1	6 - 2

TIME:

ADDITION

1 + 9	11	8 + 9	15	5 + 5	2	8 + 5	11	7 + 6
10	9	7	15	6	15	11	10	17
7 + 1	9	7 + 6	3	2 + 2	12	3 + 9	16	8 + 8
8	12	18	7	4	9	14	4	6
7 + 3	10	8 + 8	17		16	4 + 4	5	2 + 4
9	13	16	3	4	8	15	10	7
9 + 6	4	4 + 1	6	4 + 4	12	8 + 5	14	1 + 6
11	2	5	8	9	11	16	13	9
1 + 3	13	9 + 3	12	9 + 2	10	1 + 3	10	1 + 8

TIME:

SUBTRACTION

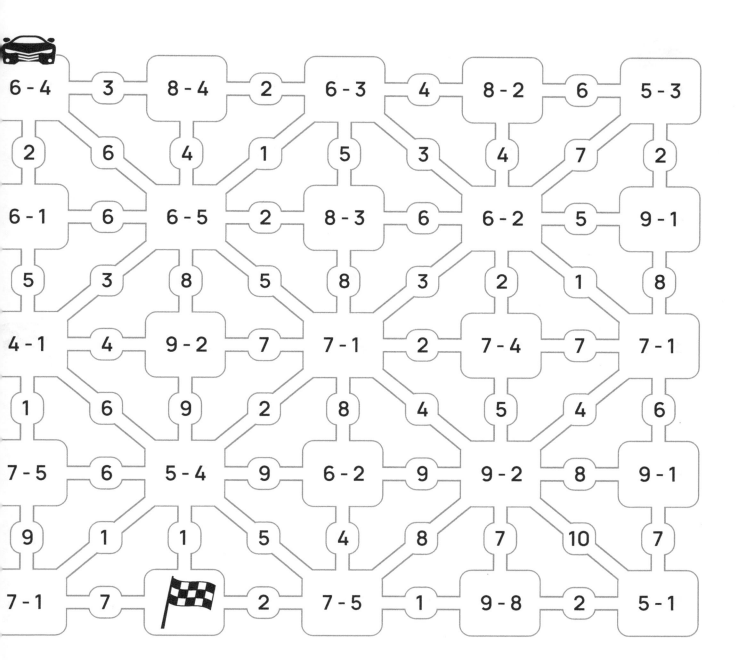

TIME:

ADDITION

1 + 6	7	7 + 8	15	7 + 6	14	7 + 9	16	9 + 9
8	6	14	13	11	16	12	15	18
4 + 1	10	9 + 3	11	9 + 8	14	7 + 5	11	2 + 5
13	12	15	6	15	13	10	9	7
3 + 8	10	3 + 5	12	9 + 4	14	2 + 6	10	
11	14	6	7	8	16	6	16	13
5 + 5	9	4 + 1	5	6 + 2	9	2 + 3	15	9 + 7
10	3	4	8	10	5	4	3	13
2 + 1	4	5 + 4	10	9 + 3	4	3 + 4	11	8 + 4

TIME:

SUBTRACTION

7 - 5	3	6 - 1	5	6 - 2	4	3 - 1	2	7 - 6
2	4	3	1	3	6	1	4	1
8 - 1	8	9 - 8	2	4 - 2	5	7 - 4	7	8 - 1
7	5	2	4	6	7	9	3	6
4 - 1	4	9 - 1	3	9 - 5	5	6 - 1	2	2 - 1
5	3	3	1	2	4	8	1	4
8 - 3	4	5 - 4	2	9 - 6	5	6 - 4	3	7 - 1
2	7	7	1	6	7	2	1	8
6 - 2	4	8 - 5	7	🏁	1	5 - 4	3	6 - 3

TIME:

ADDITION

8 + 7	15	6 + 6	12	3 + 7	11	8 + 4	12	5 + 6
16	14	11	13	8	10	8	6	11
3 + 6	7	3 + 4	8	1 + 8	5	1 + 5	7	4 + 1
9	9	16	10	11	8	4	18	5
	15	7 + 9	12	3 + 9	17	9 + 8	10	5 + 4
14	3	18	15	14	7	13	11	9
5 + 4	14	8 + 2	14	6 + 1	12	6 + 7	10	9 + 1
11	17	13	13	10	3	15	16	12
9 + 7	12	8 + 9	7	4 + 1	4	6 + 4	2	9 + 6

TIME:

SUBTRACTION

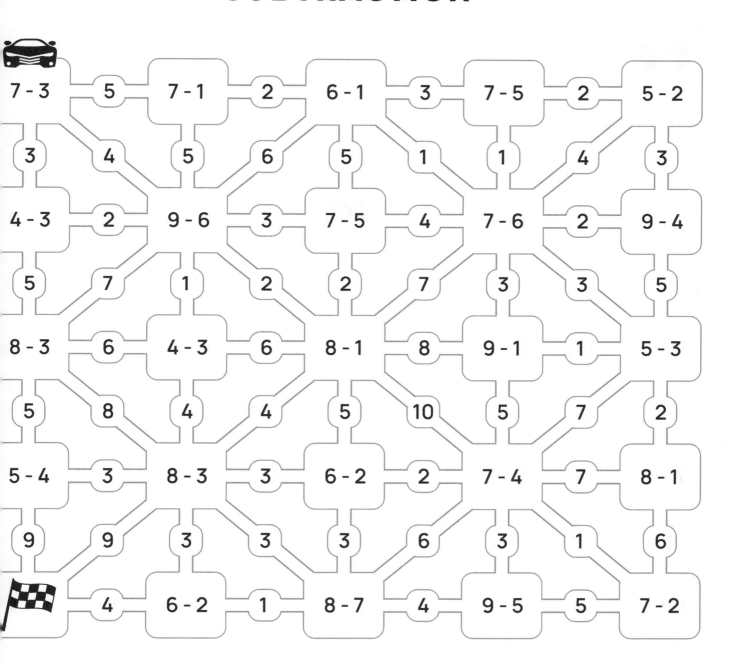

TIME:

ADDITION

2 + 1	3	1 + 3	5	2 + 4	7	1 + 3	11	5 + 5
4	2	4	9	6	16	15	10	13
4 + 6	8	1 + 7	9	🏁	17	7 + 9	14	4 + 9
10	5	10	11	4	3	14	10	11
9 + 5	15	1 + 2	6	2 + 3	5	4 + 8	13	9 + 2
16	14	11	13	7	8	12	9	12
7 + 2	15	5 + 8	12	3 + 3	11	7 + 2	10	5 + 3
11	9	16	10	10	6	6	3	12
8 + 6	12	6 + 3	11	6 + 4	4	9 + 8	17	3 + 4

TIME:

SUBTRACTION

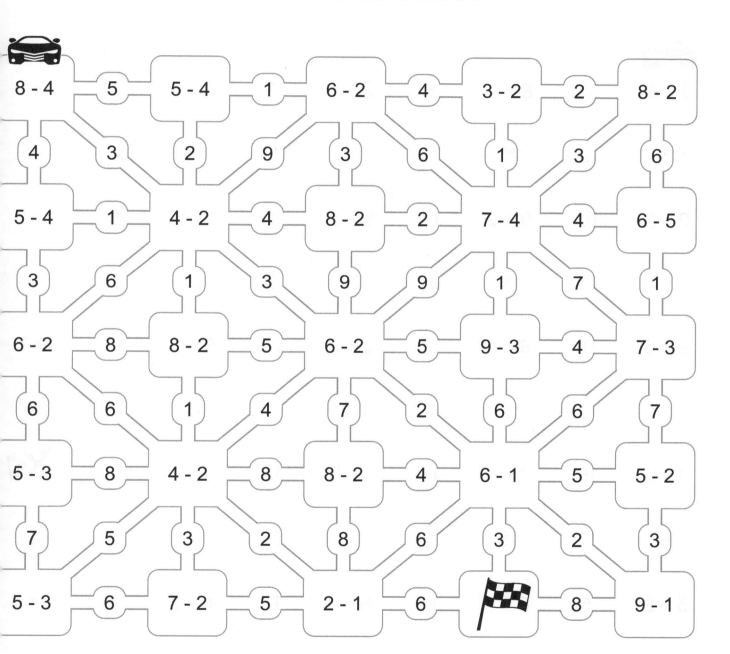

TIME:

ADDITION

7 + 6	14	8 + 2	6	2 + 8	13	9 + 4	7	2 + 9
13	12	20	16	2	2	11	12	4
2 + 8	10	9 + 9	19	5 + 3	10	1 + 8	9	2 + 3
9	15	18	21	11	8	13	6	5
9 + 6	11	8 + 4	13	2 + 8	10	9 + 4	14	1 + 7
2	9	12	3	12	7	15	7	8
3 + 9	15	7 + 6	14	7 + 5	13	5 + 6	18	
6	13	16	6	17	19	3	3	17
3 + 2	5	6 + 8	14	8 + 9	18	4 + 7	2	6 + 9

TIME:

SUBTRACTION

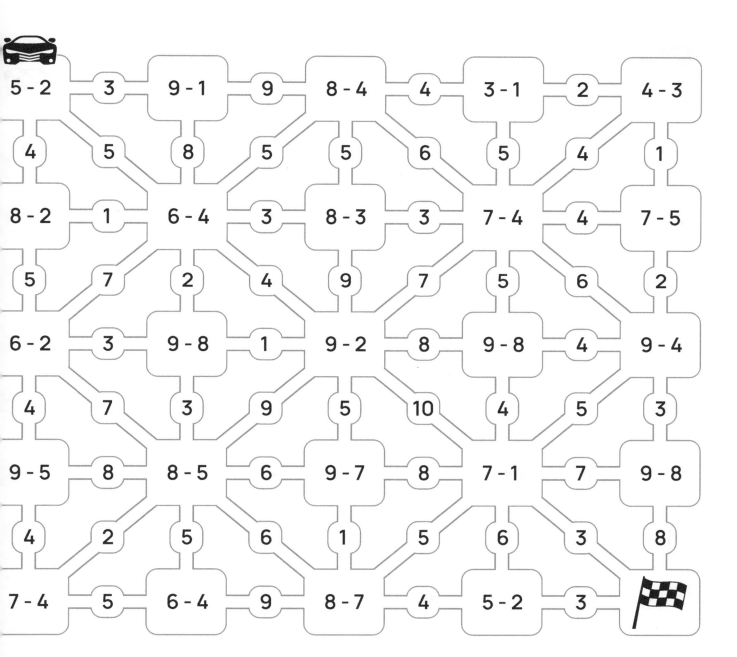

TIME:

ADDITION

3 + 2	6	1 + 1	7	7 + 1	4	9 + 5	13
5	4	11	14	17	9	8	6	12
2 + 4	7	4 + 8	13	5 + 8	5	4 + 2	11	5 + 6
6	3	12	10	7	15	4	3	5
2 + 1	4	1 + 9	10	1 + 8	8	3 + 7	6	1 + 4
5	1	9	9	12	4	9	8	7
5 + 7	10	7 + 4	12	5 + 9	13	3 + 8	12	3 + 4
14	8	13	11	8	10	14	11	8
8 + 9	4	3 + 6	12	6 + 4	9	6 + 3	9	3 + 5

TIME:

SUBTRACTION

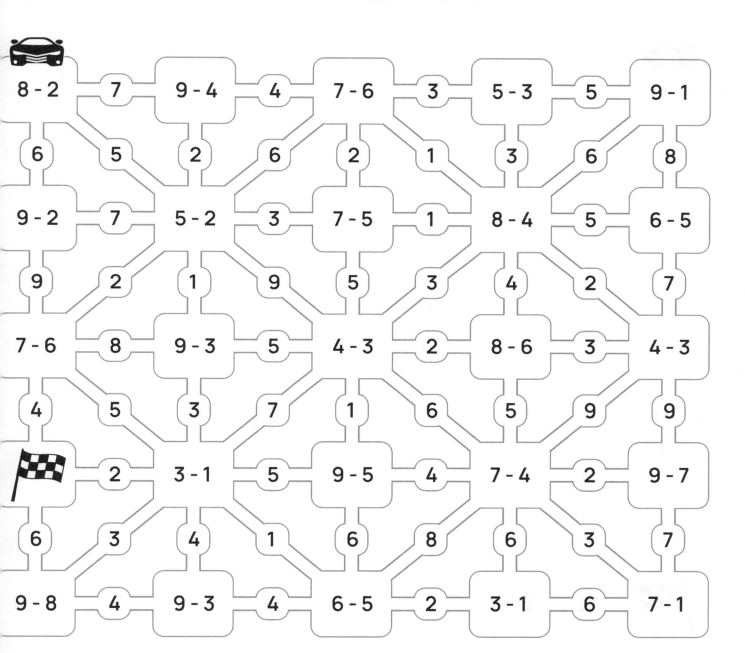

TIME:

ADDITION

9 + 7	17	8 + 7	6	8 + 9	7	9 + 1	6	2 + 5

16   15   12   8   5   4   10   8   7

| 2 + 5 | 7 | 6 + 4 | 11 | 5 + 2 | 7 | 7 + 1 | 9 | 9 + 3 |

6   8   10   13   9   11   6   5   12

| 9 + 3 | 17 | 7 + 9 | 16 | 7 + 4 | 12 | 4 + 3 | 10 | 4 + 7 |

11   8   18   2   14   8   13   9   11

| 7 + 1 | 9 | 4 + 6 | 11 | 7 + 7 | 12 | 6 + 4 | 8 | 5 + 3 |

9   7   10   13   15   10   7   7   7

| 🏁 | 12 | 5 + 7 | 5 | 4 + 9 | 14 | 7 + 1 | 4 | 6 + 6 |

TIME:

SUBTRACTION

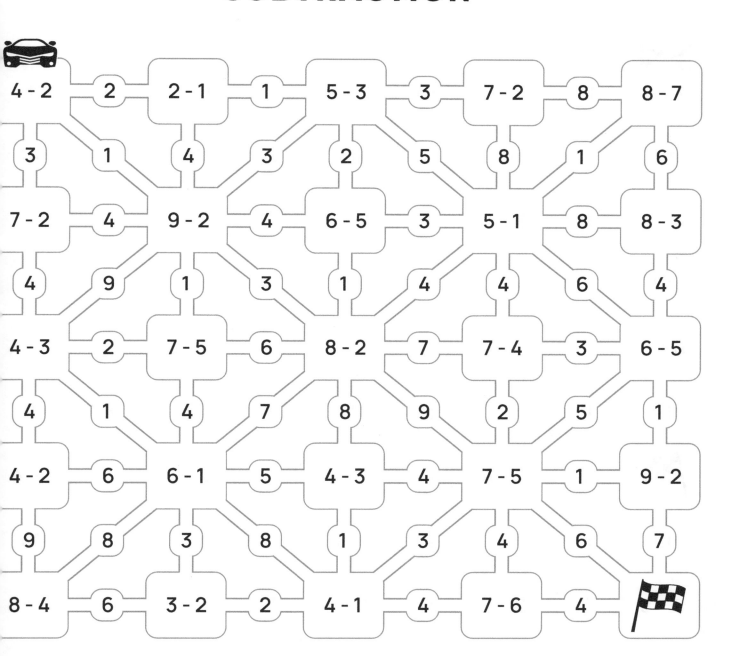

TIME:

ADDITION

7 + 5	13	9 + 8	10	2 + 9	12	8 + 9	6	9 + 7
12	11	10	7	15	11	12	10	10
9 + 1	11	5 + 4	9	8 + 7	16	9 + 4	14	5 + 7
10	12	8	6	17	4	15	13	11
6 + 6	13	3 + 1	2	4 + 7	6	4 + 3	10	6 + 4
14	15	5	14	17	6	7	8	9
🏁	6	9 + 4	14	2 + 3	2	2 + 1	4	1 + 4
18	17	2	19	16	4	3	1	14
9 + 9	3	2 + 1	17	8 + 9	14	5 + 9	15	6 + 5

TIME:

SUBTRACTION

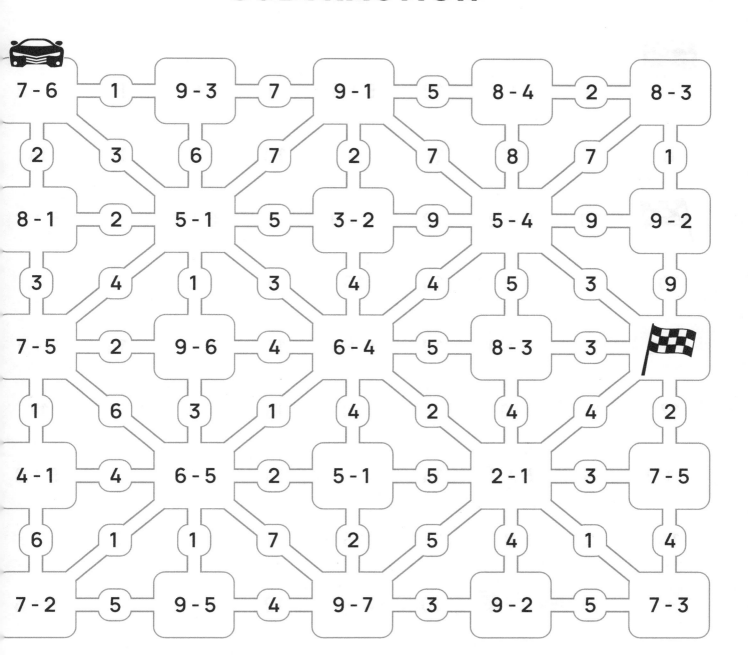

TIME:

ADDITION

1 + 6	8	7 + 5	12	5 + 5	9	1 + 5	11	3 + 2
6	7	13	11	8	10	7	11	14
	10	9 + 2	12	6 + 9	8	6 + 2	9	5 + 8
10	1	9	14	15	9	6	5	3
8 + 2	11	8 + 9	12	6 + 4	11	4 + 9	14	5 + 7
17	5	10	7	10	13	8	9	17
8 + 9	9	5 + 3	14	7 + 6	13	2 + 4	7	5 + 8
14	2	8	11	15	6	4	3	3
7 + 7	9	5 + 4	10	4 + 7	12	8 + 2	7	9 + 4

TIME:

SUBTRACTION

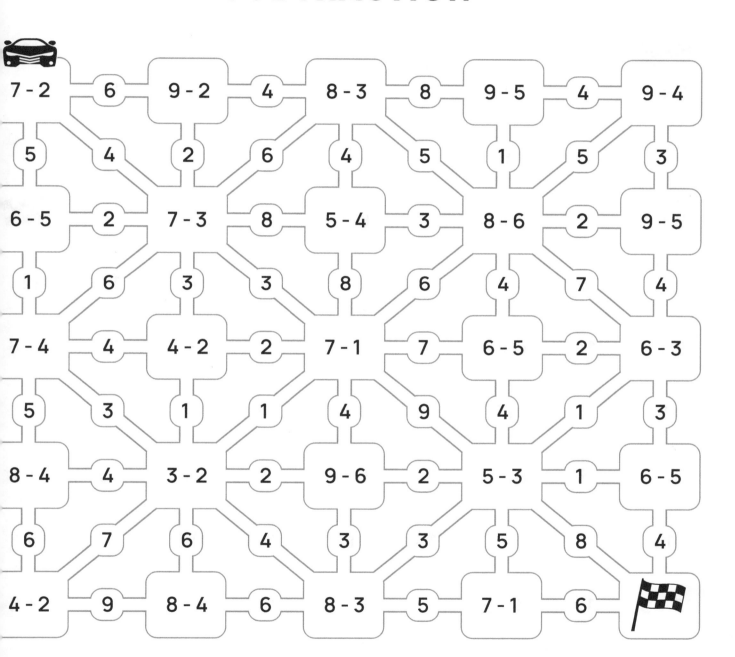

TIME:

ADDITION

2 + 6	9	2 + 8	2	8 + 9	6	3 + 9	16	7 + 2
7	8	6	7	5	11	7	6	4
5 + 7	3	2 + 2	5	6 + 9	9	6 + 2	8	
12	6	2	4	6	5	12	13	12
9 + 3	14	6 + 9	7	3 + 4	8	7 + 5	11	3 + 8
5	6	15	3	9	16	9	8	8
3 + 3	8	6 + 3	10	6 + 8	14	6 + 4	10	7 + 1
13	9	7	16	12	14	12	13	7
3 + 9	12	3 + 2	5	4 + 8	13	3 + 3	6	7 + 8

TIME:

SUBTRACTION

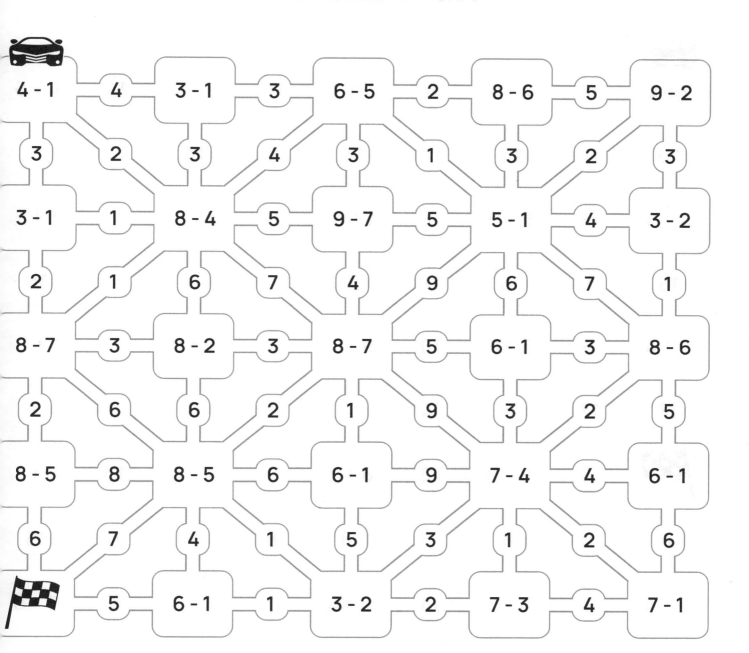

TIME:

ADDITION

7 + 4	12	2 + 6	8	4 + 7	11	8 + 6	14	4 + 6
10	11	14	12	13	9	13	10	9
3 + 6	13	5 + 9	15	1 + 6	8	7 + 1	7	3 + 9
15	1	16	17	7	4	6	5	16
9 + 4	5	3 + 6	10	9 + 2	12	6 + 8	5	1 + 6
17	17	6	14	9	11	8	12	2
🏁	4	6 + 8	12	8 + 2	9	4 + 5	10	6 + 1
6	8	6	15	10	8	7	6	16
2 + 4	7	4 + 3	13	9 + 4	14	1 + 4	10	5 + 5

TIME:

SUBTRACTION

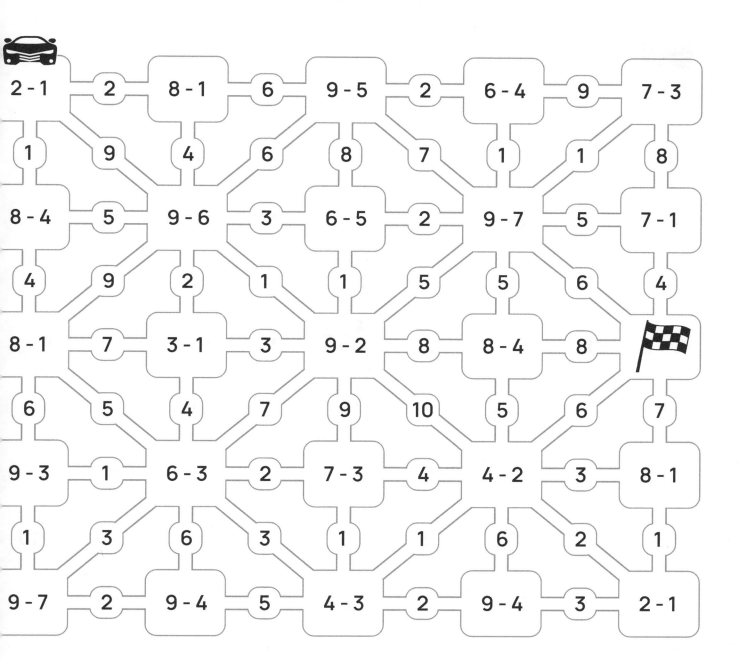

TIME:

ADDITION

9 + 9 — 18	8 + 3 — 11	3 + 7 — 9	6 + 7 — 13	8 + 9
19 17	10 13	8 10	20 16	17
4 + 5 — 9	2 + 6 — 8	6 + 1 — 17	9 + 9 — 19	5 + 9
11 11	13 6	7 4	18 21	14
4 + 3 — 12	9 + 4 — 14	14	6 + 7 — 13	5 + 7
6 7	10 8	5 6	15 10	12
7 + 5 — 9	6 + 4 — 11	6 + 9 — 8	4 + 5 — 11	5 + 5
3 7	12 3	5 9	7 11	10
7 + 1 — 5	3 + 2 — 2	1 + 2 — 4	3 + 1 — 12	8 + 3

TIME:

SUBTRACTION

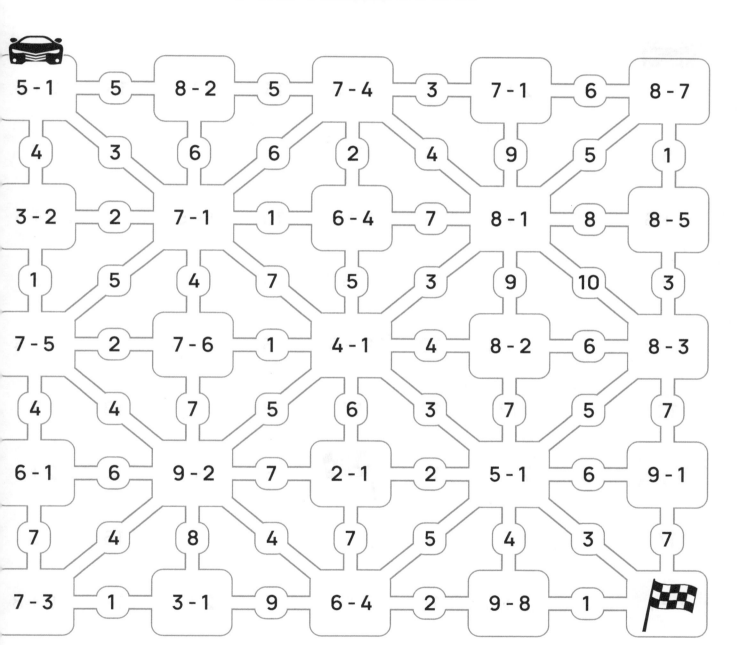

TIME:

ADDITION

1 + 3	4	2 + 1	2	8 + 3	13	8 + 1	18	2 + 6
5	3	3	6	11	3	5	4	7
6 + 6	7	3 + 5	9	5 + 5	10	1 + 5	6	2 + 3
2	5	8	11	15	13	8	9	5
3 + 2	11	2 + 8	10	9 + 6	16	9 + 5	8	3 + 4
12	5	12	12	17	18	7	10	7
3 + 2	6	7 + 1	11	🏁	6	1 + 4	4	2 + 1
17	5	4	7	9	8	5	16	3
7 + 1	3	2 + 6	11	7 + 2	3	2 + 1	17	8 + 8

TIME:

SUBTRACTION

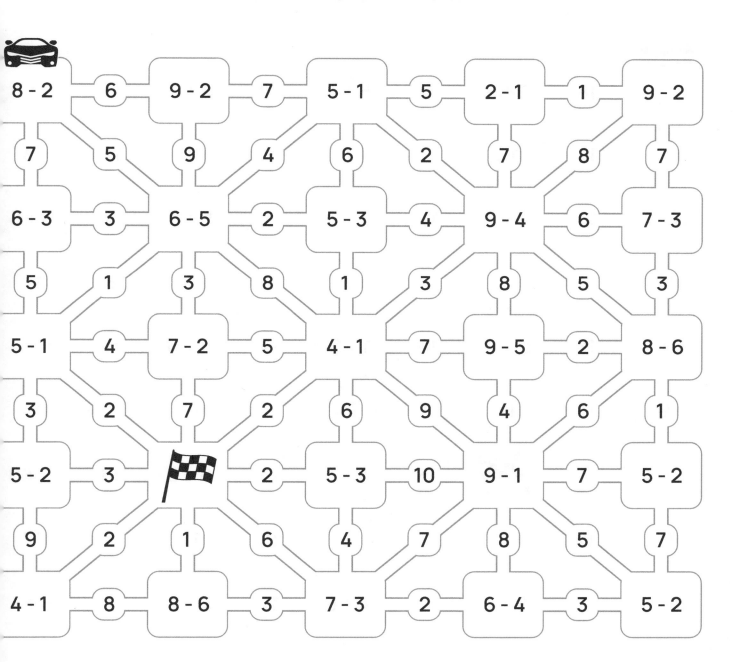

TIME:

ADDITION

8 + 9	18	3 + 5	8	5 + 4	10	4 + 7	12	3 + 6
17	16	10	8	7	9	10	11	13
6 + 7	13	3 + 7	11	7 + 7	7	5 + 3	8	9 + 5
12	8	12	7	7	9	6	5	14
4 + 1	15	2 + 9	16	1 + 2	17	4 + 6	12	8 + 3
9	11	17	5	14	6	17	13	11
4 + 4	8	16	4 + 1	14	6 + 9	18	9 + 9
13	12	6	8	9	15	12	4	17
4 + 9	7	6 + 1	10	4 + 6	11	4 + 7	3	8 + 4

TIME:

SUBTRACTION

7 - 4	3	9 - 4	5	6 - 4	2	7 - 1	7	6 - 3

7 - 4 — 3 — 9 - 4 — 5 — 6 - 4 — 2 — 7 - 1 — 7 — 6 - 3

4 — 2 — 4 — 2 — 1 — 4 — 6 — 1 — 3

3 - 1 — 3 — 6 - 5 — 3 — 8 - 2 — 3 — 8 - 7 — 2 — 7 - 3

4 — 1 — 8 — 4 — 2 — 7 — 1 — 2 — 4

7 - 2 — 6 — 9 - 1 — 6 — 7 - 3 — 3 — 7 - 4 — 6 — 9 - 3

7 — 5 — 2 — 6 — 1 — 7 — 2 — 8 — 5

3 - 2 — 3 — 9 - 6 — 4 — 5 - 3 — 6 — 9 - 7 — 5 — 8 - 7

1 — 9 — 1 — 8 — 2 — 5 — 2 — 5 — 9

1 — 6 - 2 — 5 — 8 - 4 — 8 — 8 - 5 — 1 — 6 - 4

TIME:

ADDITION

5 + 9	14	8 + 5	13	1 + 1	3	2 + 3	18	4 + 4
15	13	15	2	4	5	10	9	7
4 + 2	14	6 + 6	11	8 + 8	11	4 + 8	13	5 + 1
14	12	9	4	16	14	15	12	11
6 + 9	16	7 + 3	10	8 + 6	15	5 + 6	10	3 + 7
17	15	8	6	12	17	11	13	9
8 + 5	7	1 + 7	9	1 + 2	3	1 + 3	5	9 + 9
11	9	10	11	12	7	4	2	5
5 + 8	7	🏁	13	7 + 6	7	4 + 3	8	8 + 4

TIME:

SUBTRACTION

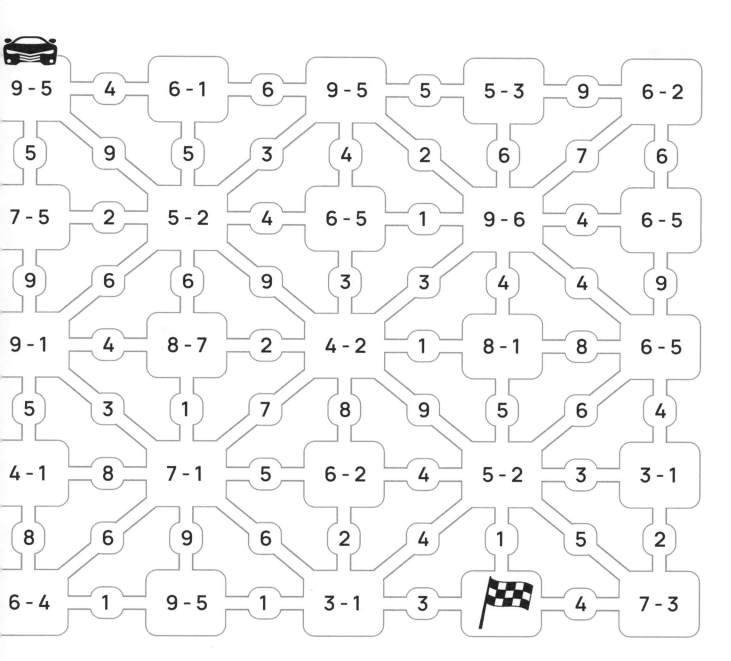

TIME:

ADDITION

4 + 8	13	1 + 7	15	7 + 7	10	4 + 6	5	9 + 3
11	12	4	3	13	16	10	15	3
9 + 1	6	4 + 1	5	2 + 9	12	2 + 7	5	4 + 1
4	6	7	8	11	10	2	16	15
3 + 5	14	7 + 8	7	5 + 2	6		14	7 + 7
11	6	15	8	5	4	9	8	5
7 + 5	9	3 + 6	10	8 + 8	10	2 + 9	12	1 + 4
12	2	7	12	16	13	14	11	6
3 + 2	5	7 + 4	11	8 + 5	14	1 + 1	7	2 + 4

TIME:

SUBTRACTION

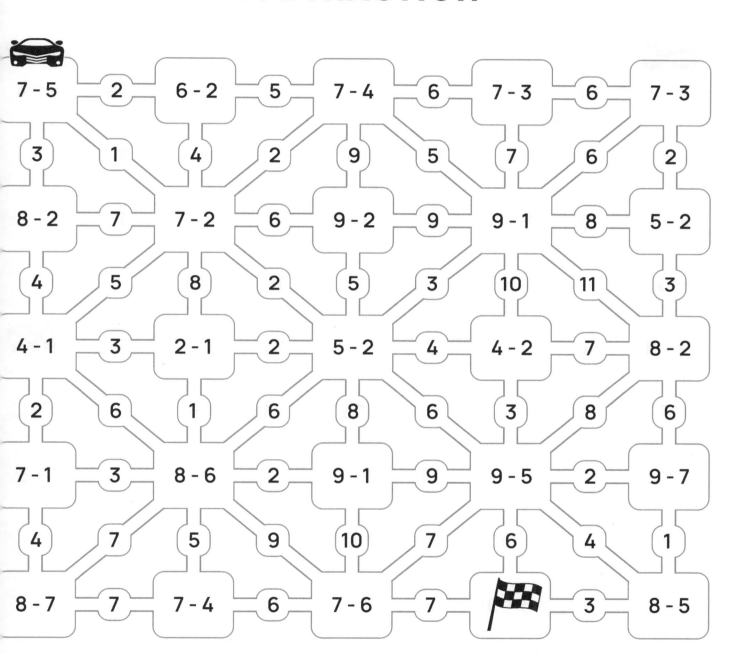

TIME:

ADDITION

2 + 7	10	8 + 4	7	2 + 4	6	7 + 9	16	4 + 4
8	9	6	11	5	9	11	12	8
2 + 1	10	5 + 3	7	9 + 9	8	4 + 5	10	1 + 2
16	1	8	5	12	16	16	6	3
9 + 8	4	2 + 2	5	7 + 6	14	7 + 9	17	
17	19	6	11	15	13	5	3	11
7 + 2	9	8 + 3	12	1 + 6	4	3 + 2	6	1 + 3
8	8	13	14	8	8	7	8	3
8 + 5	5	3 + 9	8	7 + 1	8	5 + 2	3	7 + 1

TIME:

SUBTRACTION

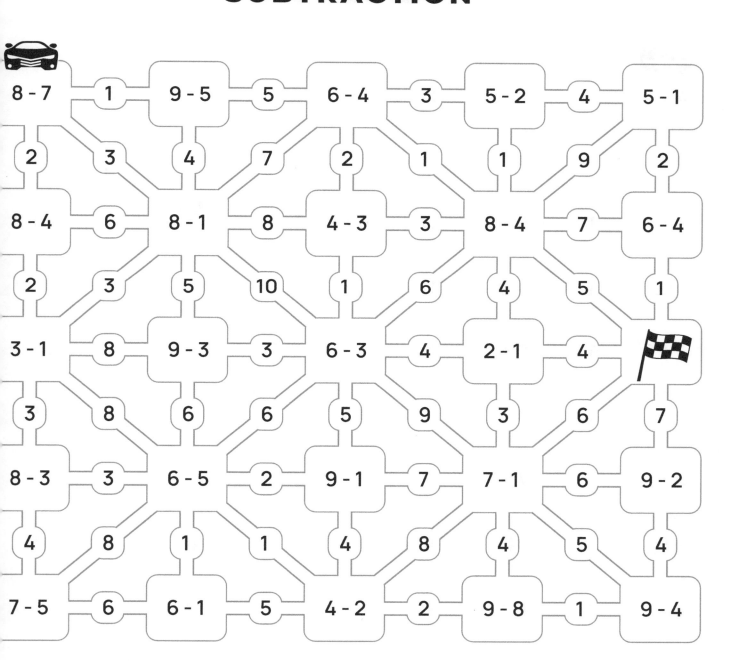

TIME:

ADDITION

4 + 1	6	1 + 3	17	1 + 5	15	5 + 9	3	4 + 4
5	4	4	7	9	17	8	7	4
3 + 9	13	6 + 4	17	9 + 8	9		3	1 + 2
12	17	18	11	8	16	8	9	7
7 + 8	16	9 + 7	17	3 + 6	17	1 + 8	8	5 + 2
15	13	9	7	3	1	2	1	11
3 + 2	6	7 + 3	11	6 + 2	3	3 + 1	5	7 + 4
5	8	12	10	8	6	16	4	12
6 + 5	11	6 + 6	13	6 + 1	7	8 + 8	17	8 + 4

TIME:

SUBTRACTION

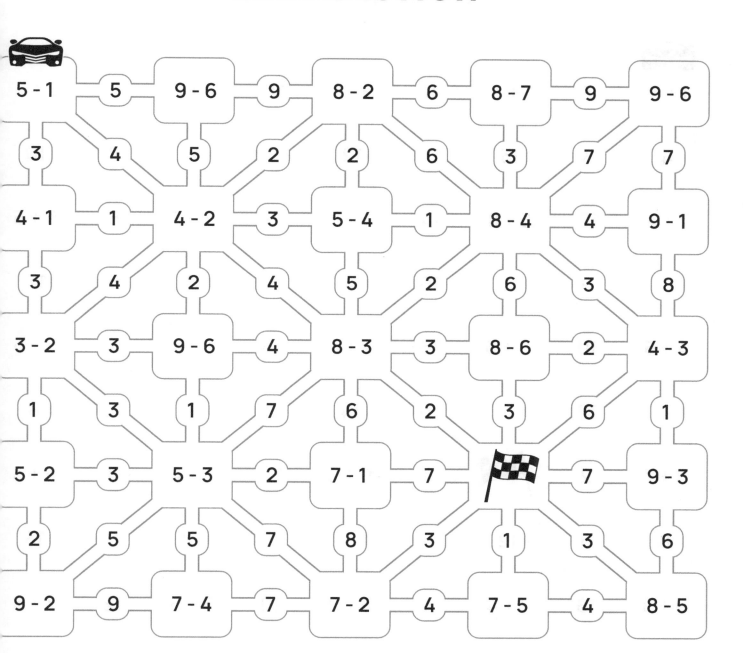

TIME:

ADDITION

1 + 3	3	1 + 4	5	9 + 1	10	2 + 5	8	2 + 7
4	3	13	11	12	8	7	2	10
7 + 4	12	5 + 8	14	4 + 8	6	2 + 3	5	6 + 5
11	9	15	16	4	8	3	5	11
4 + 5	10	6 + 6	16	2 + 4	15	9 + 4	9	5 + 5
7	12	3	15	14	2	7	10	8
9 + 7	2	🏁	8	9 + 6	11	5 + 4	8	4 + 3
8	5	12	5	7	2	12	9	13
9 + 9	18	7 + 4	4	3 + 2	10	5 + 5	12	7 + 5

TIME:

SUBTRACTION

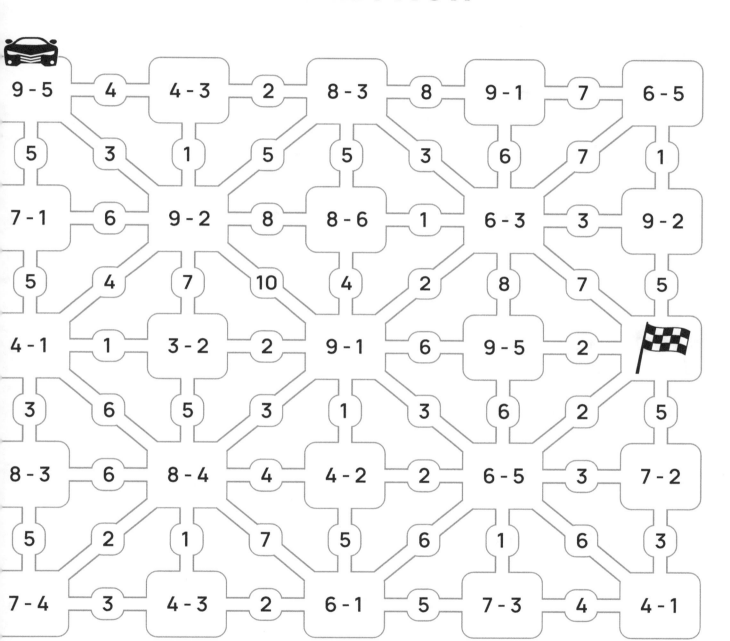

TIME:

ADDITION

3 + 7	11	6 + 3	8	3 + 2	15	6 + 9	11	3 + 7
9	10	9	8	4	13	18	16	10
6 + 1	13	5 + 6	12	9 + 5	15	7 + 9	17	9 + 2
6	2	14	11	5	4	10	19	11
	18	5 + 7	7	5 + 1	6	1 + 9	11	6 + 8
10	9	10	7	18	9	12	14	13
9 + 1	11	9 + 2	8	3 + 5	4	4 + 1	6	7 + 6
12	14	13	7	9	8	5	3	6
2 + 1	9	3 + 7	11	1 + 8	14	8 + 6	15	6 + 5

TIME:

SUBTRACTION

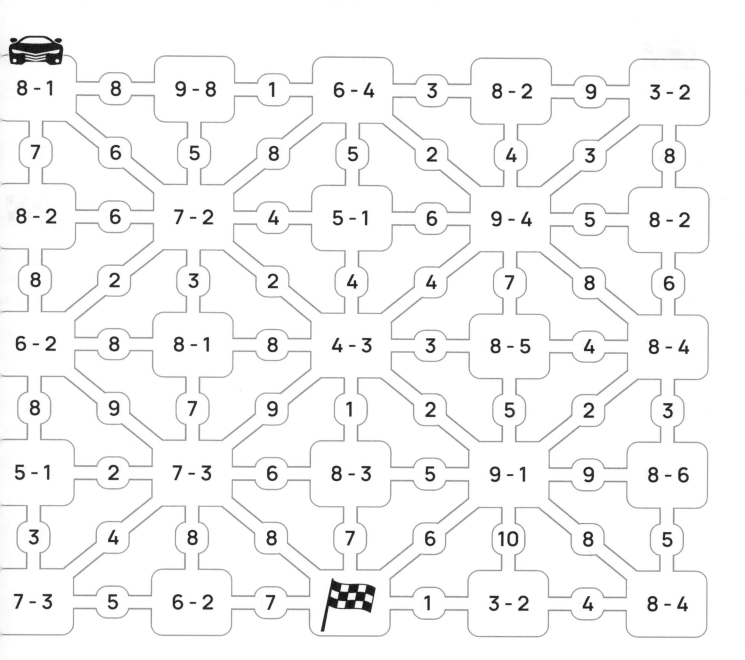

TIME:

ADDITION

4 + 8	12	2 + 8	11	3 + 4	7	5 + 5	10	3 + 9
13	11	10	2	8	14	16	17	12
2 + 1	7	8 + 1	8	1 + 9	13	7 + 7	15	
15	9	6	4	5	7	12	11	6
9 + 7	17	2 + 9	9	4 + 3	6	9 + 6	4	7 + 9
18	16	12	8	14	3	10	14	13
3 + 8	9	4 + 6	11	6 + 8	11	5 + 6	12	1 + 9
2	7	10	13	11	9	13	8	10
4 + 3	15	5 + 9	14	3 + 6	10	3 + 4	15	4 + 9

TIME:

SUBTRACTION

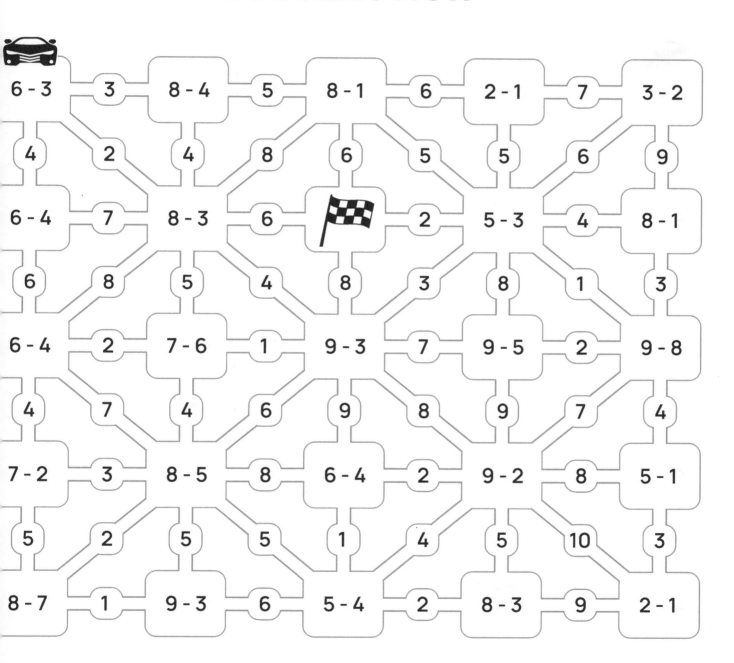

TIME:

ADDITION

6 + 3	2	8 + 2	10	7 + 9	16	5 + 3	9	7 + 6
9	8	4	6	15	18	8	4	5
6 + 8	15	2 + 2	5	2 + 9	9	3 + 4	6	7 + 4
14	15	3	2	14	9	10	7	10
8 + 7	16	9 + 1	18	2 + 4	15	6 + 5	9	1 + 7
13	18	10	14	12	14	16	8	6
8 + 4	11	5 + 6	13	7 + 6	17	8 + 9	18	5 + 8
12	8	9	8	15	4	19	20	4
4 + 9	13	🏁	5	2 + 1	6	9 + 4	7	2 + 7

TIME:

SUBTRACTION

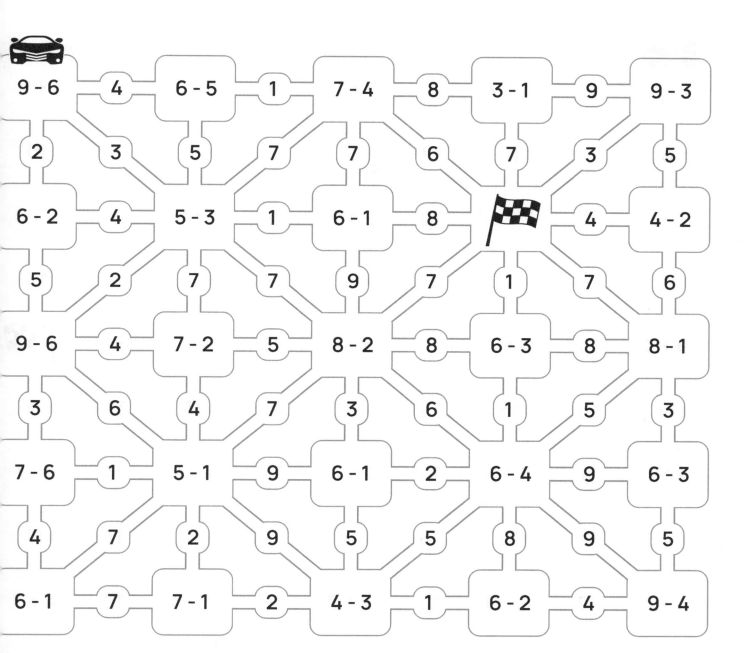

TIME:

ADDITION

1 + 4	6	3 + 9	9	7 + 1	8	8 + 3	11	1 + 9
4	5	11	12	12	7	9	8	10
7 + 7	8	7 + 2	10	2 + 9	11	1 + 6	8	4 + 9
11	9	7	6	14	17	5	4	13
9 + 3	13	4 + 7	11	5 + 9	13	9 + 2	17	
12	10	13	15	12	6	13	17	15
3 + 1	5	8 + 5	14	2 + 4	15	1 + 3	13	9 + 1
4	11	12	16	6	2	3	13	17
4 + 7	12	5 + 9	16	2 + 2	16	3 + 3	10	4 + 3

TIME:

SUBTRACTION

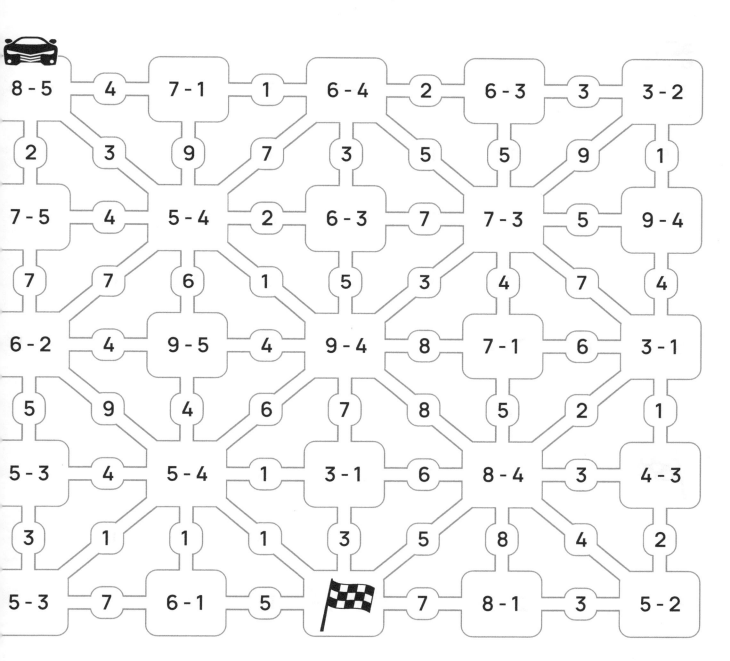

TIME:

ADDITION

5 + 1	7	3 + 2	1	1 + 1	3	5 + 1	18	9 + 9
5	6	12	10	2	4	10	9	2
1 + 2	9	8 + 2	11	9 + 8	18	8 + 3	12	4 + 9
5	1	8	13	17	6	13	11	5
5 + 8	14	3 + 4	5	3 + 3	7	8 + 6	7	1 + 5
5	6	11	3	4	9	14	4	6
	9	4 + 5	12	3 + 9	16	8 + 7	9	4 + 4
15	4	7	8	6	15	13	10	8
6 + 5	4	2 + 3	7	5 + 1	12	7 + 6	11	3 + 8

TIME:

SUBTRACTION

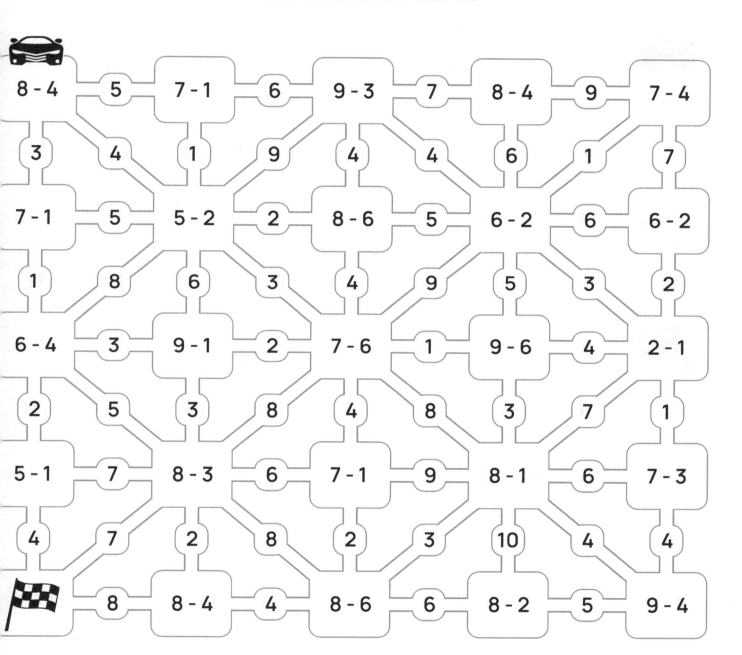

TIME:

ADDITION

3 + 3 — 7 — 8 + 7 — 17 — 1 + 5 — 10 — 6 + 5 — 17 — 7 + 3					

3 + 3 — 7 — 8 + 7 — 17 — 1 + 5 — 10 — 6 + 5 — 17 — 7 + 3

6   5   16   11   15   13   18   19   13

6 + 6 — 12 — 6 + 8 — 15 — 2 + 4 — 15 — 8 + 8 — 17 — 3 + 5

11   1   17   14   12   10   14   16   12

2 — 1 + 1 — 9 — 3 + 7 — 11 — 4 + 5 — 11 — 6 + 5

4   9   6   5   8   13   9   9   10

2 + 1 — 8 — 4 + 2 — 7 — 2 + 6 — 3 — 1 + 3 — 5 — 3 + 4

15   3   16   5   2   7   2   4   3

3 + 8 — 15 — 7 + 9 — 3 — 1 + 2 — 12 — 7 + 5 — 2 — 1 + 1

TIME:

SUBTRACTION

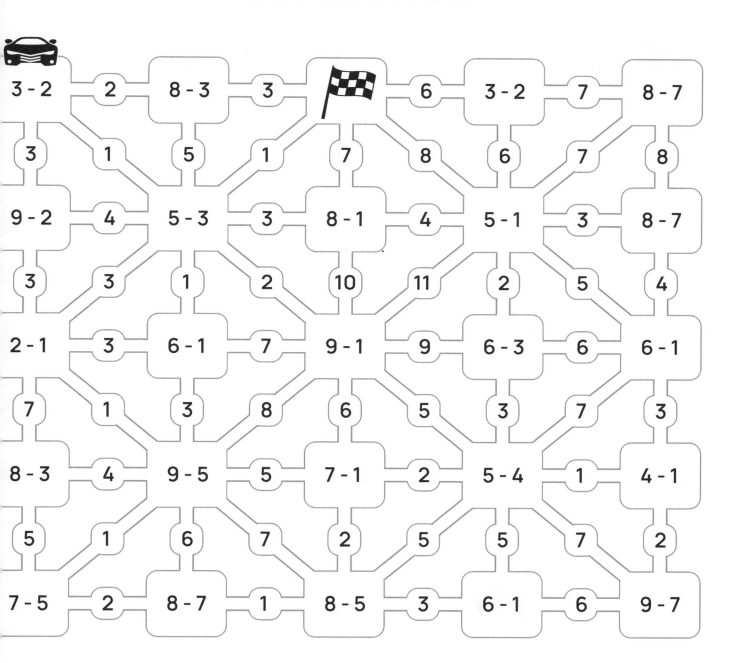

TIME:

ADDITION

9 + 4	14	5 + 4	9	5 + 5	11	9 + 4	11	5 + 5
12	13	11	14	10	8	4	6	10
3 + 2	10	2 + 9	12	7 + 6	13	2 + 4	7	8 + 9
6	5	9	8	15	7	9	3	17
8 + 5	15	2 + 1	18	7 + 5	17	1 + 7	10	6 + 3
9	14	17	4	15	13	9	11	9
5 + 5	4	9 + 6	12	5 + 8	10	3 + 7	7	3 + 5
13	2	12	12	13	3	12	14	8
7 + 5	12	🏁	14	8 + 6	15	6 + 7	15	8 + 6

TIME:

SUBTRACTION

5 - 3	9	9 - 6	3	7 - 5	1	5 - 2	8	9 - 1
1	2	8	6	2	9	7	8	6
9 - 4	7	9 - 1	9	9 - 5	4	7 - 2	5	9 - 2
1	2	10	11	3	2	3	2	7
8 - 6	6	6 - 1	6	6 - 4	7	3 - 1	5	7 - 1
5	2	4	9	9	5	5	6	4
8 - 5	3	5 - 4	8	9 - 1	2	6 - 3	4	7 - 3
5	1	5	7	5	9	3	5	9
5 - 1	4	🏁	4	8 - 3	8	9 - 1	9	9 - 5

TIME:

ADDITION

3 + 8	12	9 + 8	15	2 + 9	9	6 + 4	16	8 + 6
10	11	12	16	13	3	8	9	2
9 + 5	13	8 + 5	14	3 + 9	12	3 + 3	7	6 + 7
14	2	15	10	8	11	4	6	16
5 + 6	12	1 + 9	10	3 + 5	9	7 + 7	15	7 + 8
13	11	12	15	9	5	14	13	14
9 + 9	14	7 + 5	13	2 + 4	10	5 + 5	11	5 + 2
17	2	10	9	6	7	12	8	12
1 + 1	17		15	6 + 9	16	9 + 3	18	7 + 1

TIME:

SUBTRACTION

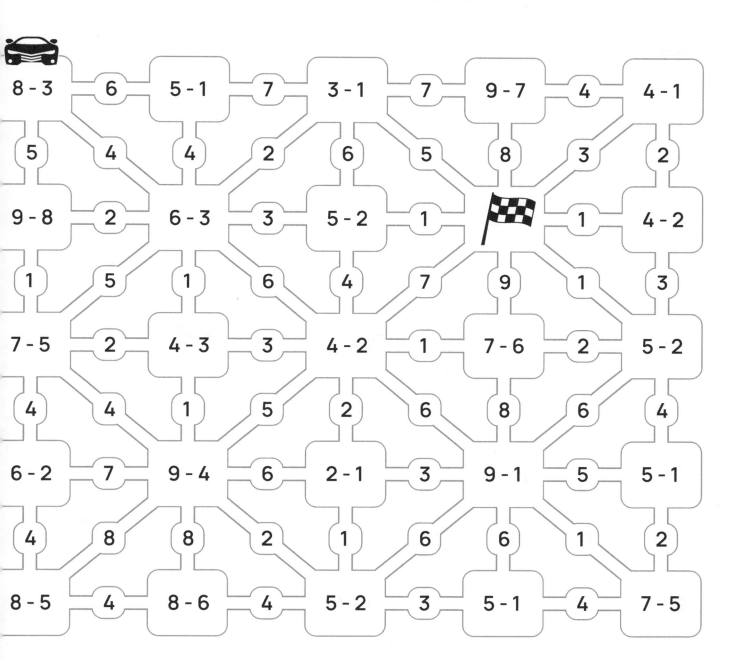

TIME:

ADDITION

1 + 4	6	7 + 7	13	3 + 2	7	1 + 7	11	4 + 6

1 + 4 — 6 — 7 + 7 — 13 — 3 + 2 — 7 — 1 + 7 — 11 — 4 + 6

5   4   12   7   5   8   13   10   15

4 + 9 — 13 — 4 + 6 — 11 — 2 + 5 — 12 — 8 + 3 — 16 — 6 + 9

12   4   8   10   17   18   11   9   7

8 + 7 — 11 — 2 + 3 — 14 — 8 + 7 — 16 — [flag] — 8 — 6 + 1

15   4   9   15   13   12   11   10   15

3 + 3 — 6 — 1 + 6 — 8 — 2 + 2 — 4 — 5 + 8 — 14 — 7 + 8

18   8   5   7   10   12   16   13   10

9 + 8 — 15 — 2 + 6 — 9 — 4 + 6 — 11 — 8 + 3 — 11 — 7 + 3

TIME:

SUBTRACTION

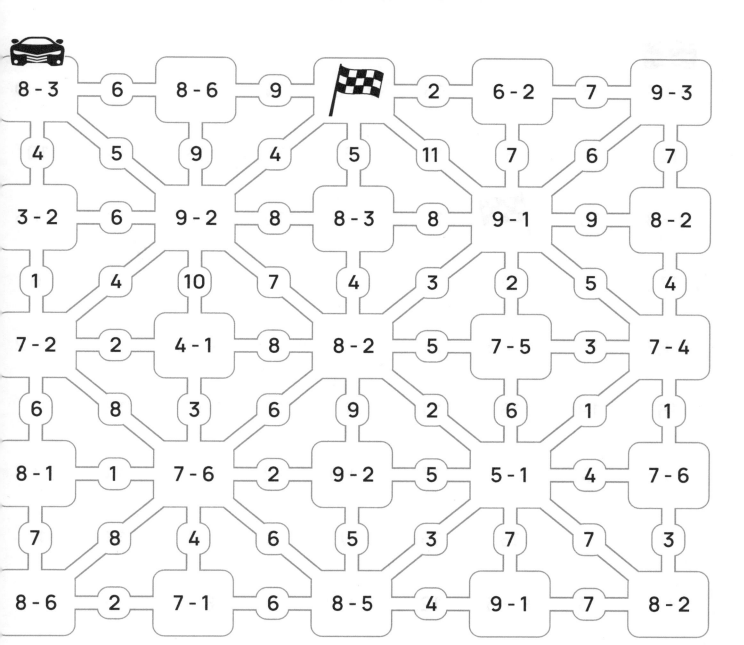

TIME:

ADDITION

9 + 3	13	2 + 1	13	7 + 6	14	7 + 7	8	9 + 9
12	11	3	16	12	11	13	14	10
9 + 8	18	🏁	17	5 + 5	10	4 + 7	12	8 + 5
17	14	12	7	6	7	9	7	6
9 + 7	15	6 + 6	4	1 + 5	7	4 + 1	8	5 + 2
16	19	16	21	3	10	15	16	5
6 + 3	9	9 + 9	17	2 + 9	12	6 + 7	14	2 + 3
8	6	18	15	10	8	11	13	11
1 + 4	13	6 + 6	12	5 + 3	9	6 + 4	12	7 + 4

TIME:

SUBTRACTION

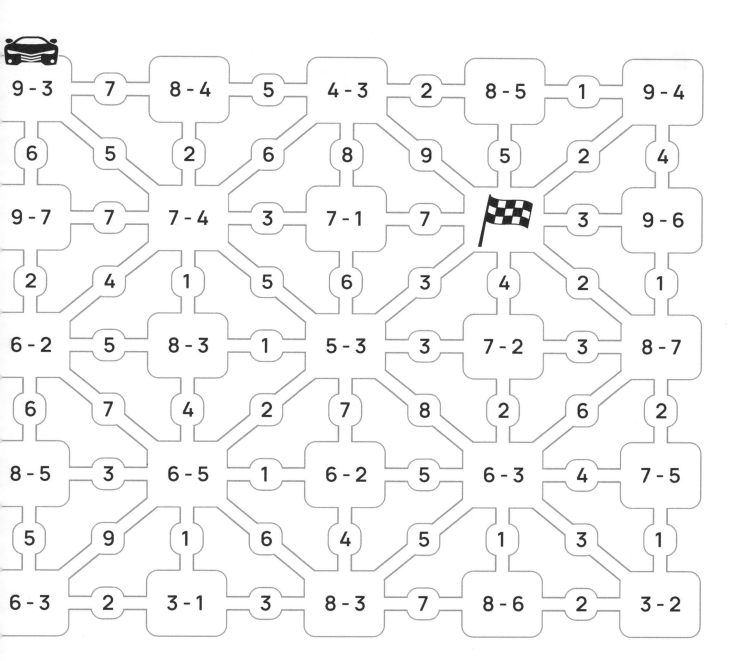

TIME:

ADDITION

5 + 2	8	9 + 9	11	🏁	16	8 + 8	9	3 + 6
6	7	12	13	14	3	8	6	10
9 + 9	9	8 + 2	11	9 + 2	5	1 + 5	7	4 + 1
11	10	8	1	20	21	4	15	14
5 + 4	8	2 + 6	17	9 + 9	19	6 + 7	16	6 + 9
7	9	5	4	14	18	8	11	12
2 + 1	7	2 + 4	6	7 + 7	15	4 + 5	10	8 + 4
11	8	8	3	16	6	9	7	6
2 + 7	7	9 + 2	3	5 + 6	6	4 + 1	5	2 + 4

TIME:

SUBTRACTION

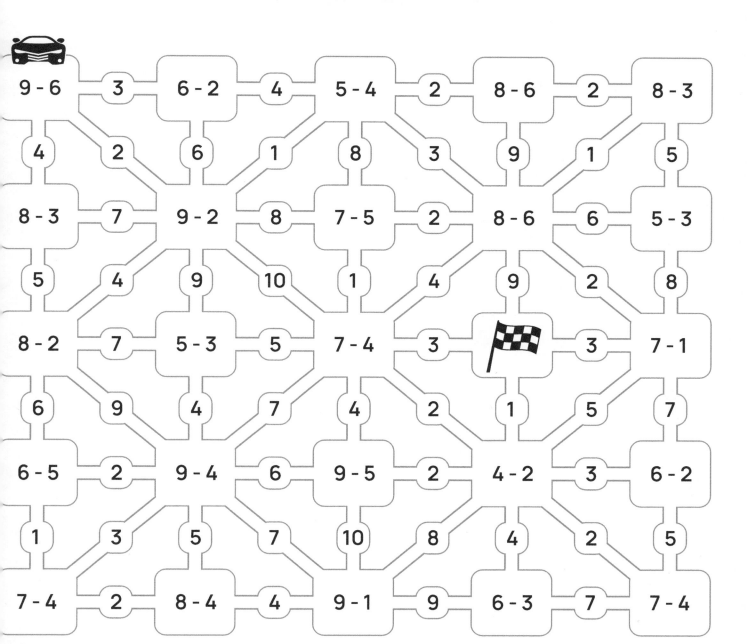

TIME:

ANSWERS

Maze 1.

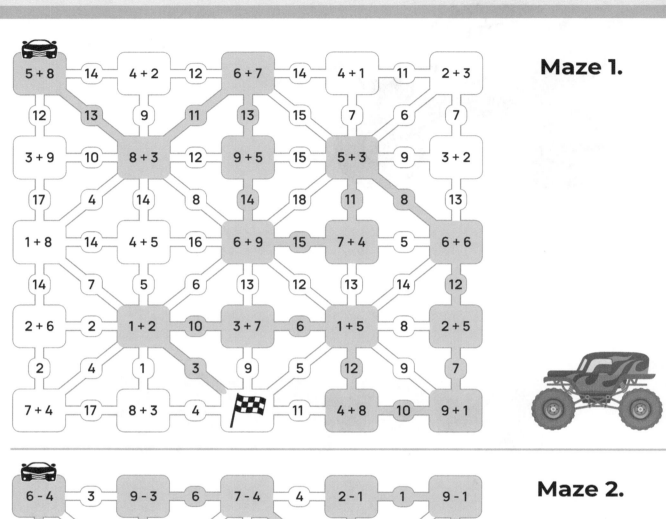

Maze 2.

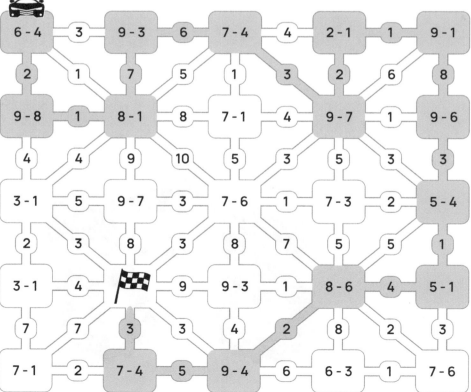

Maze 3.

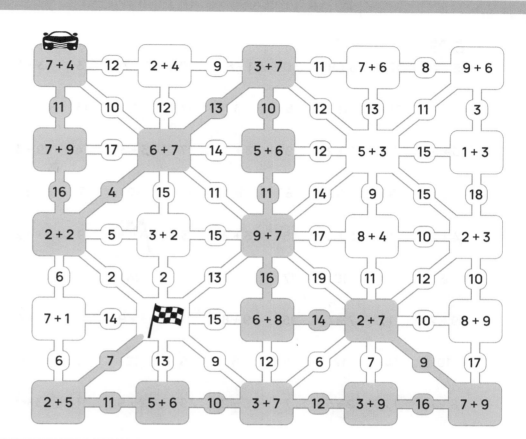

Maze 4.

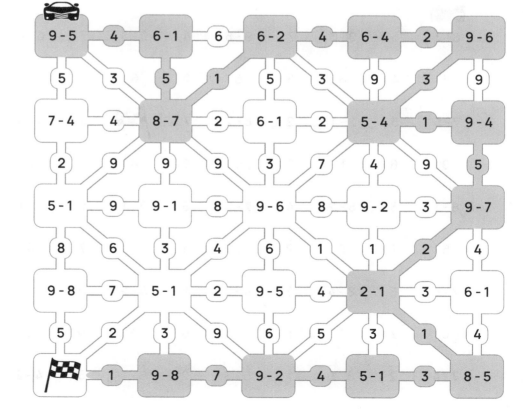

ANSWERS

Maze 5.

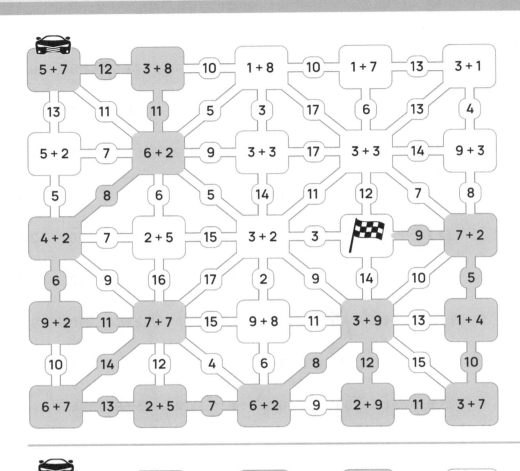

Maze 6.

Maze 7.

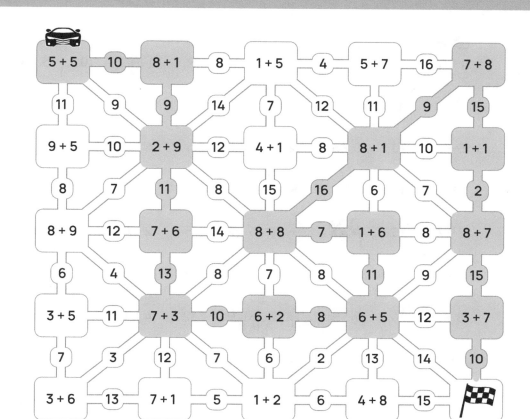

Maze 8.

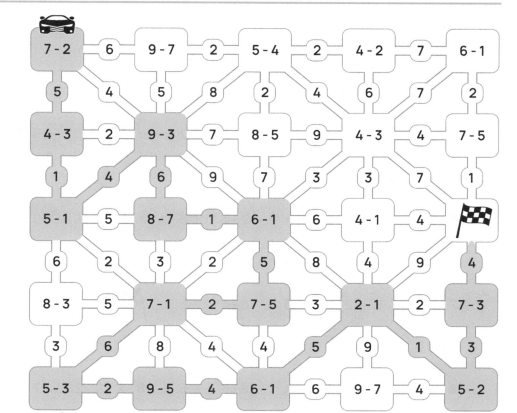

Maze 9.

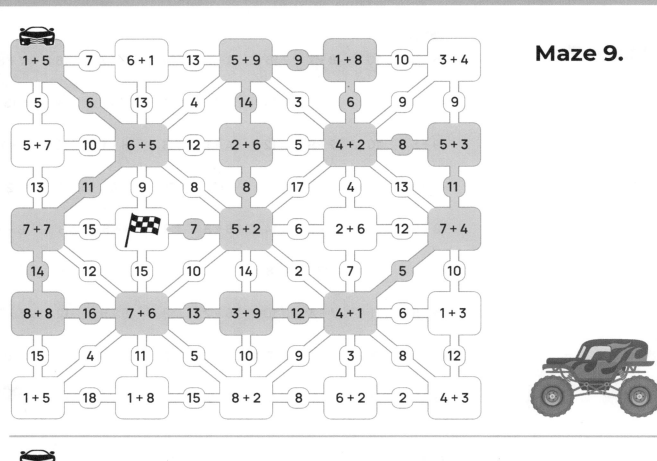

1 + 5	7	6 + 1	13	5 + 9	9	1 + 8	10	3 + 4
5	6	13	4	14	3	6	9	9
5 + 7	10	6 + 5	12	2 + 6	5	4 + 2	8	5 + 3
13	11	9	8	8	17	4	13	11
7 + 7	15	🏁	7	5 + 2	6	2 + 6	12	7 + 4
14	12	15	10	14	2	7	5	10
8 + 8	16	7 + 6	13	3 + 9	12	4 + 1	6	1 + 3
15	4	11	5	10	9	3	8	12
1 + 5	18	1 + 8	15	8 + 2	8	6 + 2	2	4 + 3

Maze 10.

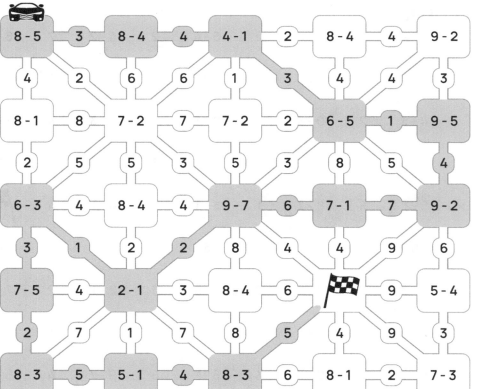

8 - 5	3	8 - 4	4	4 - 1	2	8 - 4	4	9 - 2
4	2	6	6	1	3	4	4	3
8 - 1	8	7 - 2	7	7 - 2	2	6 - 5	1	9 - 5
2	5	5	3	5	3	8	5	4
6 - 3	4	8 - 4	4	9 - 7	6	7 - 1	7	9 - 2
3	1	2	2	8	4	4	9	6
7 - 5	4	2 - 1	3	8 - 4	6	🏁	9	5 - 4
2	7	1	7	8	5	4	9	3
8 - 3	5	5 - 1	4	8 - 3	6	8 - 1	2	7 - 3

Maze 11.

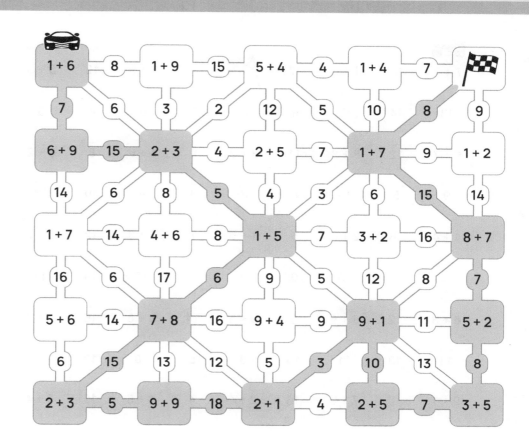

Maze 12.

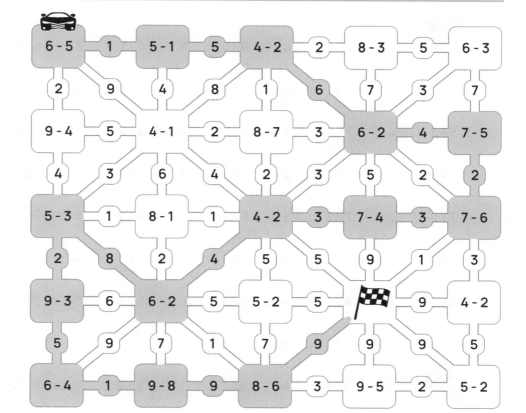

ANSWERS

Maze 13.

```
7 + 7 — 15 — 1 + 8 — 17 — 🏁 — 17 — 8 + 9 — 12 — 3 + 3
  13    14    10      9     8     7     6     4     3
6 + 7 — 12 — 8 + 3 — 11 — 8 + 2 — 9 — 1 + 6 — 8 — 3 + 2
  9     5    13      8    10     3     9    10    13
4 + 4 — 16 — 2 + 6 — 5 — 1 + 5 — 7 — 1 + 8 — 12 — 5 + 7
  8     6    15      6     9     2    15    19    11
6 + 8 — 12 — 8 + 5 — 9 — 9 + 5 — 14 — 8 + 8 — 16 — 7 + 4
  11   13    11     10     3     5    18    13    10
9 + 1 — 10 — 7 + 9 — 16 — 2 + 1 — 4 — 4 + 5 — 15 — 5 + 4
```

Maze 14.

```
9 - 7 — 3 — 6 - 3 — 4 — 9 - 4 — 6 — 5 - 1 — 8 — 4 - 1
  1     2    2      1     5     7     4     5     4
5 - 1 — 4 — 7 - 6 — 3 — 9 - 7 — 2 — 3 - 2 — 1 — 7 - 5
  4     8    2      3     4     3     7     9     2
7 - 2 — 2 — 7 - 2 — 3 — 5 - 1 — 4 — 8 - 2 — 5 — 7 - 3
  5     7    4      6     4     3     7     4     6
5 - 3 — 4 — 4 - 3 — 3 — 5 - 2 — 6 — 9 - 4 — 5 — 3 - 1
  8     1    7      9     7     6     3     2     2
🏁 — 2 — 5 - 1 — 6 — 9 - 2 — 1 — 3 - 2 — 4 — 9 - 5
```

Maze 15.

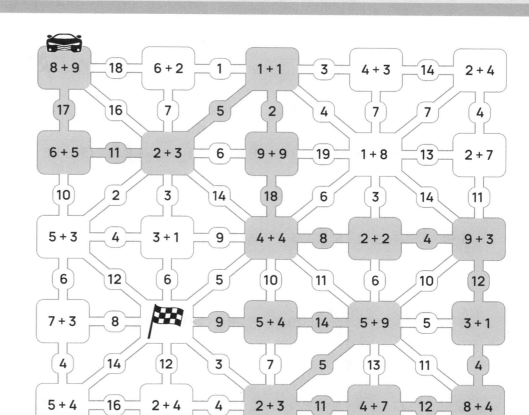

Maze 16.

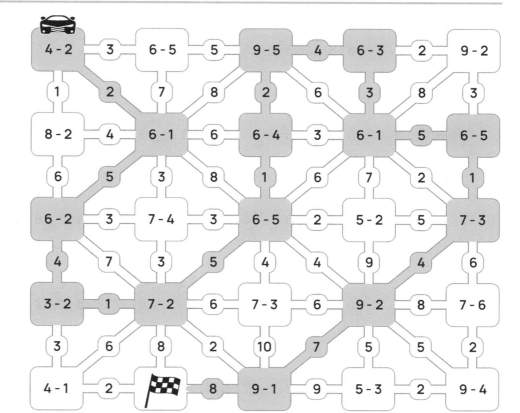

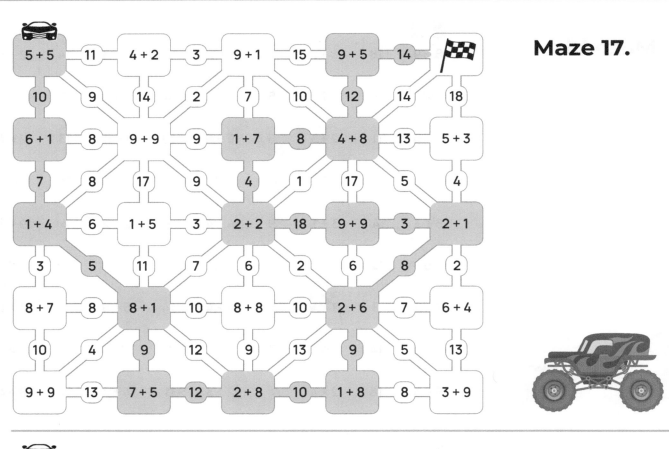

Maze 17.

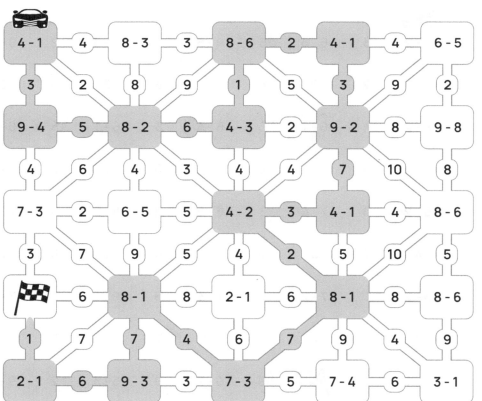

Maze 18.

Maze 19.

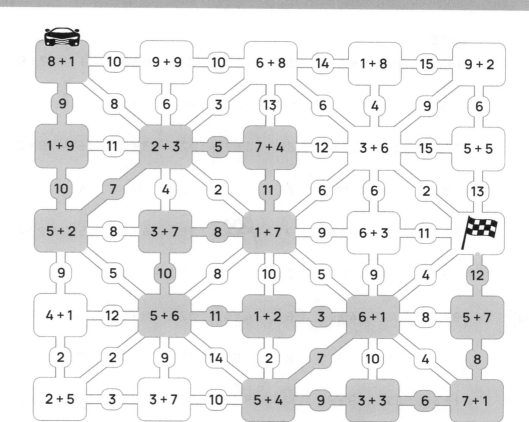

Maze 20.

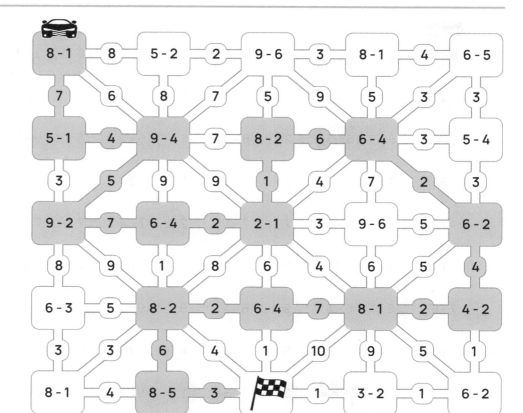

Maze 21.

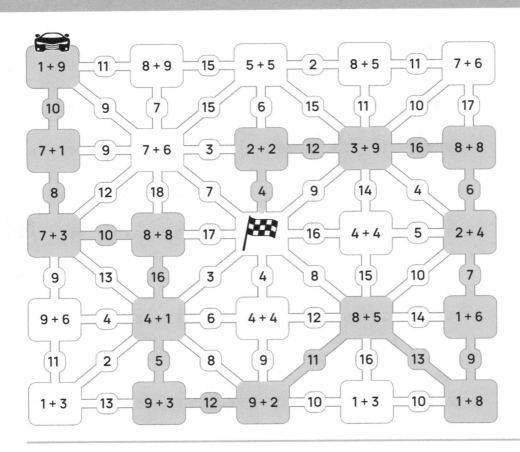

Maze 22.

ANSWERS

Maze 23.

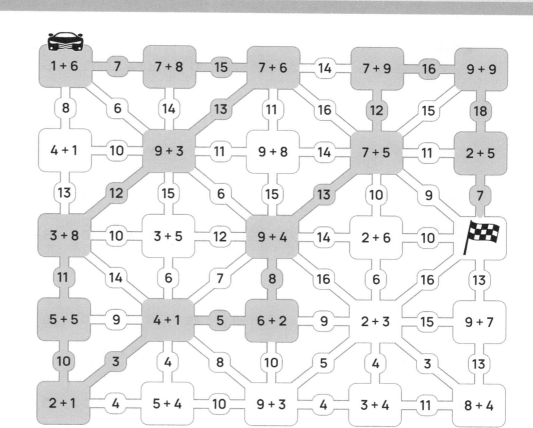

Maze 24.

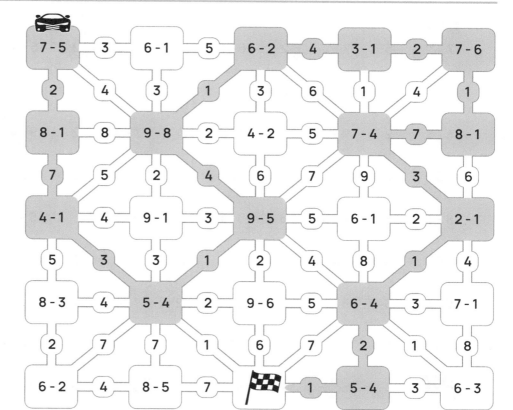

Maze 25.

Maze 25 grid (start: car 🏎️, finish: checkered flag 🏁)

8 + 7	15	6 + 6	12	3 + 7	11	8 + 4	12	5 + 6
16		14	11	13	8	10	8	6	11
3 + 6	7	3 + 4	8	1 + 8	5	1 + 5	7	4 + 1
9	9	16	10	11	8	4	18	5
🏁	15	7 + 9	12	3 + 9	17	9 + 8	10	5 + 4
14	3	18	15	14	7	13	11	9
5 + 4	14	8 + 2	14	6 + 1	12	6 + 7	10	9 + 1
11	17	13	13	10	3	15	16	12
9 + 7	12	8 + 9	7	4 + 1	4	6 + 4	2	9 + 6

Maze 26.

Maze 26 grid (start: car 🏎️, finish: checkered flag 🏁)

7 - 3	5	7 - 1	2	6 - 1	3	7 - 5	2	5 - 2
3	4	5	6	5	1	1	4	3
4 - 3	2	9 - 6	3	7 - 5	4	7 - 6	2	9 - 4
5	7	1	2	2	7	3	3	5
8 - 3	6	4 - 3	6	8 - 1	8	9 - 1	1	5 - 3
5	8	4	4	5	10	5	7	2
5 - 4	3	8 - 3	3	6 - 2	2	7 - 4	7	8 - 1
9	9	3	3	3	6	3	1	6
🏁	4	6 - 2	1	8 - 7	4	9 - 5	5	7 - 2

Maze 27.

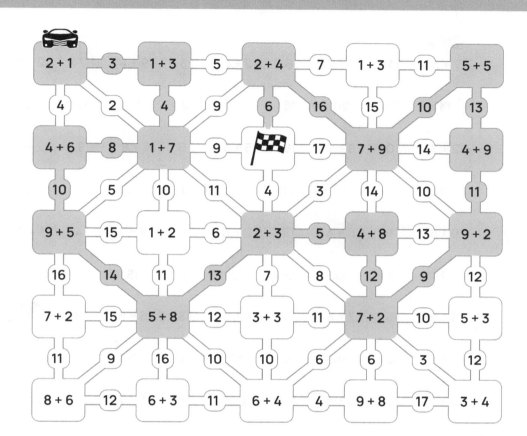

Maze 28.

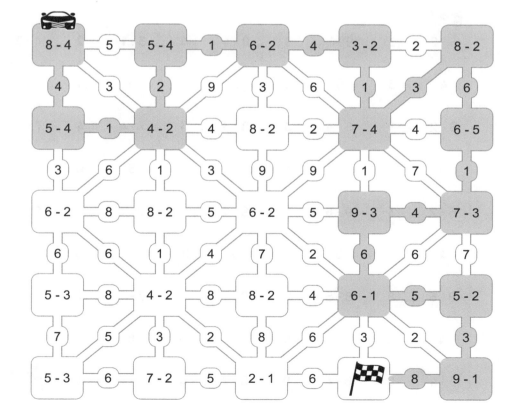

Maze 29.

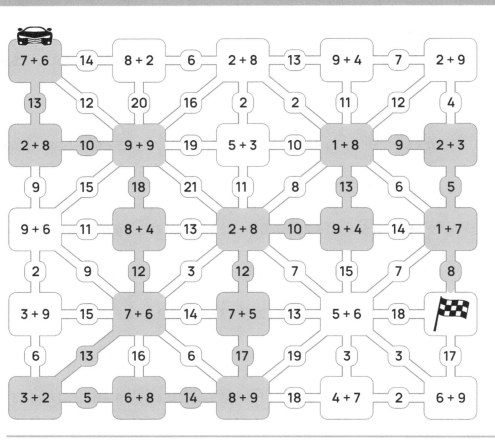

Maze 30.

Maze 31.

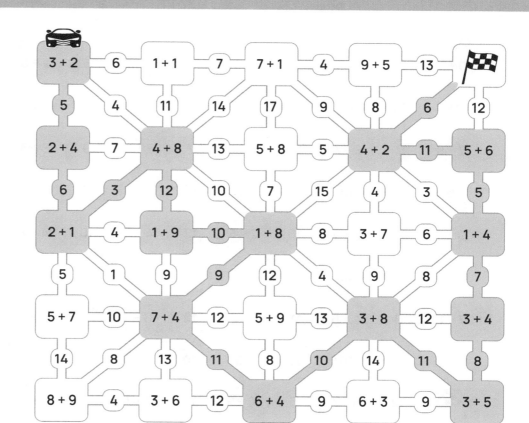

Maze 32.

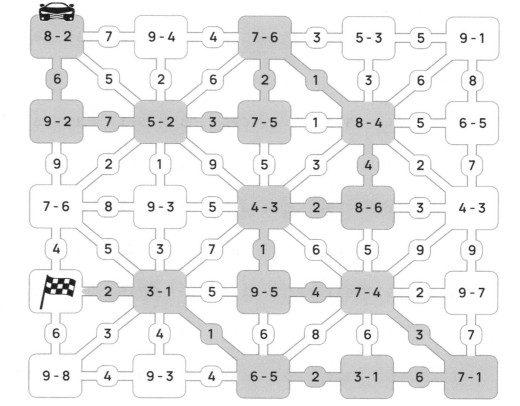

Maze 33.

9 + 7	17	8 + 7	6	8 + 9	7	9 + 1	6	2 + 5

9 + 7 — 17 — 8 + 7 — 6 — 8 + 9 — 7 — 9 + 1 — 6 — 2 + 5
16 — 15 — 12 — 8 — 5 — 4 — 10 — 8 — 7
2 + 5 — 7 — 6 + 4 — 11 — 5 + 2 — 7 — 7 + 1 — 9 — 9 + 3
6 — 8 — 10 — 13 — 9 — 11 — 6 — 5 — 12
9 + 3 — 17 — 7 + 9 — 16 — 7 + 4 — 12 — 4 + 3 — 10 — 4 + 7
11 — 8 — 18 — 2 — 14 — 8 — 13 — 9 — 11
7 + 1 — 9 — 4 + 6 — 11 — 7 + 7 — 12 — 6 + 4 — 8 — 5 + 3
9 — 7 — 10 — 13 — 15 — 10 — 7 — 7 — 7
12 — 5 + 7 — 5 — 4 + 9 — 14 — 7 + 1 — 4 — 6 + 6

Maze 34.

4 - 2 — 2 — 2 - 1 — 1 — 5 - 3 — 3 — 7 - 2 — 8 — 8 - 7
3 — 1 — 4 — 3 — 2 — 5 — 8 — 1 — 6
7 - 2 — 4 — 9 - 2 — 4 — 6 - 5 — 3 — 5 - 1 — 8 — 8 - 3
4 — 9 — 1 — 3 — 1 — 4 — 4 — 6 — 4
4 - 3 — 2 — 7 - 5 — 6 — 8 - 2 — 7 — 7 - 4 — 3 — 6 - 5
4 — 1 — 4 — 7 — 8 — 9 — 2 — 5 — 1
4 - 2 — 6 — 6 - 1 — 5 — 4 - 3 — 4 — 7 - 5 — 1 — 9 - 2
9 — 8 — 3 — 8 — 1 — 3 — 4 — 6 — 7
8 - 4 — 6 — 3 - 2 — 2 — 4 - 1 — 4 — 7 - 6 — 4

Maze 35.

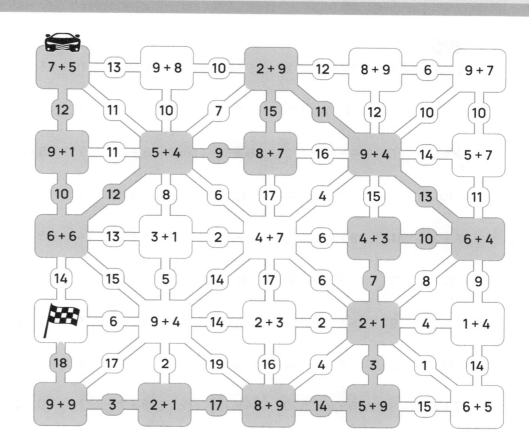

Maze 36.

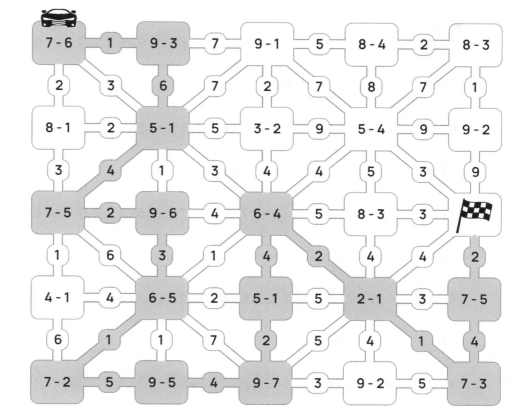

Maze 37.

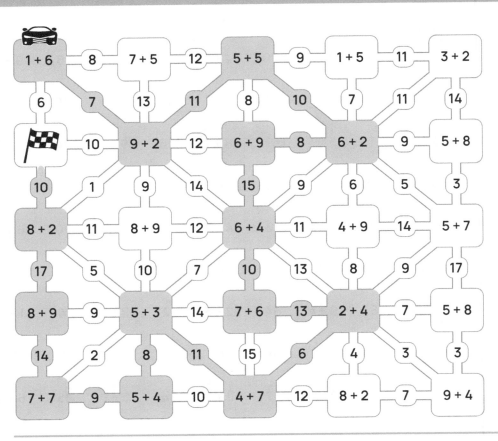

Maze 38.

Maze 39.

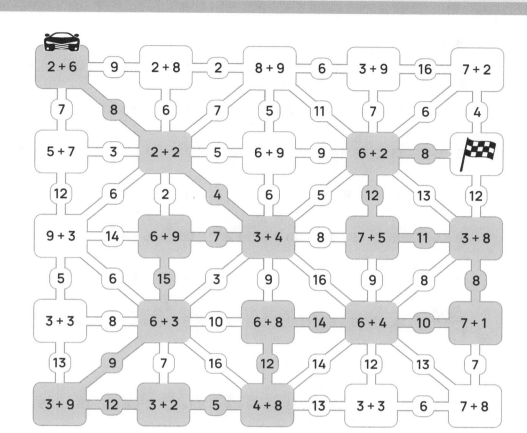

Maze 40.

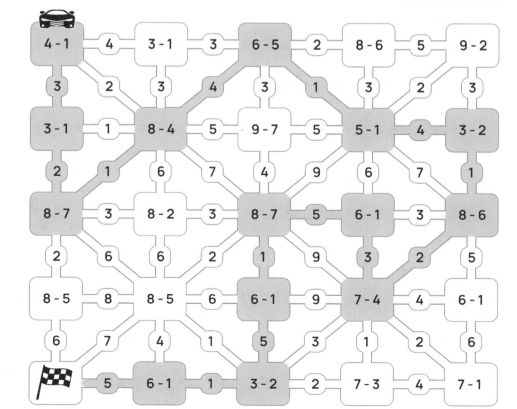

Maze 41.

7 + 4	12	2 + 6	8	4 + 7	11	8 + 6	14	4 + 6
10	11	14	12	13	9	13	10	9
3 + 6	13	5 + 9	15	1 + 6	8	7 + 1	7	3 + 9
15	1	16	17	7	4	6	5	16
9 + 4	5	3 + 6	10	9 + 2	12	6 + 8	5	1 + 6
17	17	6	14	9	11	8	12	2
🏁	4	6 + 8	12	8 + 2	9	4 + 5	10	6 + 1
6	8	6	15	10	8	7	6	16
2 + 4	7	4 + 3	13	9 + 4	14	1 + 4	10	5 + 5

Maze 42.

2 - 1	2	8 - 1	6	9 - 5	2	6 - 4	9	7 - 3
1	9	4	6	8	7	1	1	8
8 - 4	5	9 - 6	3	6 - 5	2	9 - 7	5	7 - 1
4	9	2	1	1	5	5	6	4
8 - 1	7	3 - 1	3	9 - 2	8	8 - 4	8	🏁
6	5	4	7	9	10	5	6	7
9 - 3	1	6 - 3	2	7 - 3	4	4 - 2	3	8 - 1
1	3	6	3	1	1	6	2	1
9 - 7	2	9 - 4	5	4 - 3	2	9 - 4	3	2 - 1

Maze 43.

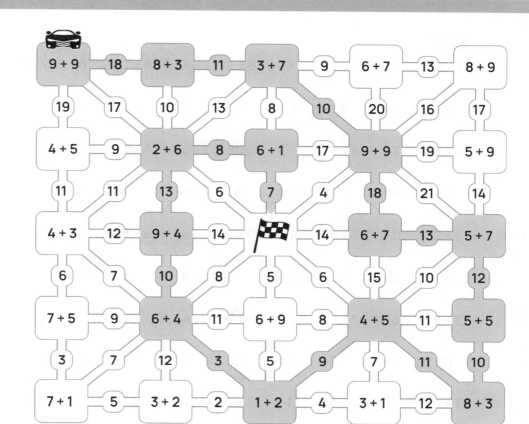

Maze 44.

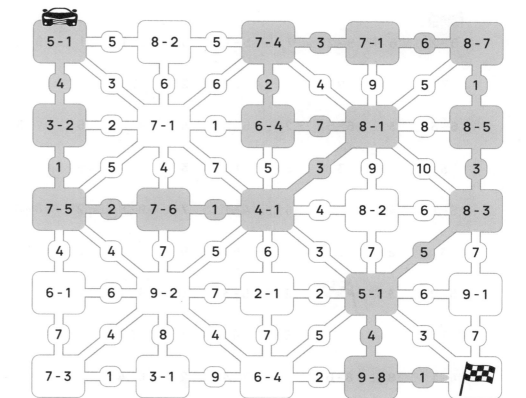

Maze 45.

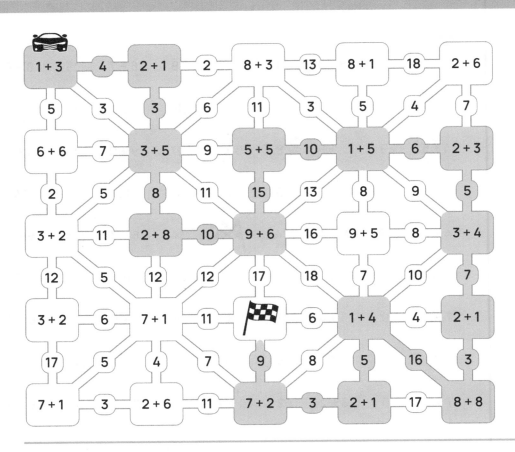

Maze 46.

ANSWERS

Maze 47.

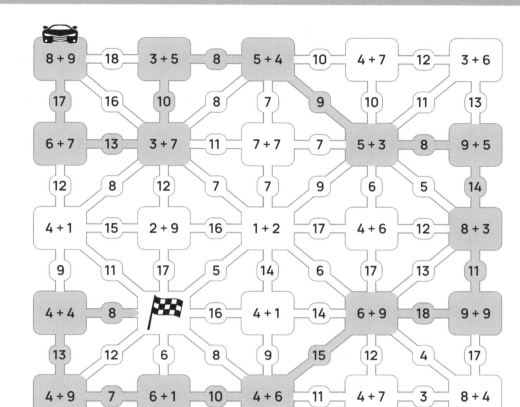

Maze 48.

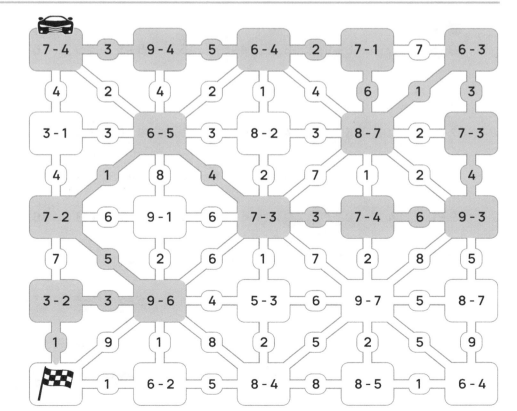

Maze 49.

Maze 49 grid:

5 + 9 — 14 — 8 + 5 — 13 — 1 + 1 — 3 — 2 + 3 — 18 — 4 + 4
15 — 13 — 15 — 2 — 4 — 5 — 10 — 9 — 7
4 + 2 — 14 — 6 + 6 — 11 — 8 + 8 — 11 — 4 + 8 — 13 — 5 + 1
14 — 12 — 9 — 4 — 16 — 14 — 15 — 12 — 11
6 + 9 — 16 — 7 + 3 — 10 — 8 + 6 — 15 — 5 + 6 — 10 — 3 + 7
17 — 15 — 8 — 6 — 12 — 17 — 11 — 13 — 9
8 + 5 — 7 — 1 + 7 — 9 — 1 + 2 — 3 — 1 + 3 — 5 — 9 + 9
11 — 9 — 10 — 11 — 12 — 7 — 4 — 2 — 5
5 + 8 — 7 — 🏁 — 13 — 7 + 6 — 7 — 4 + 3 — 8 — 8 + 4

Maze 50.

Maze 50 grid:

9 - 5 — 4 — 6 - 1 — 6 — 9 - 5 — 5 — 5 - 3 — 9 — 6 - 2
5 — 9 — 5 — 3 — 4 — 2 — 6 — 7 — 6
7 - 5 — 2 — 5 - 2 — 4 — 6 - 5 — 1 — 9 - 6 — 4 — 6 - 5
9 — 6 — 6 — 9 — 3 — 3 — 4 — 4 — 9
9 - 1 — 4 — 8 - 7 — 2 — 4 - 2 — 1 — 8 - 1 — 8 — 6 - 5
5 — 3 — 1 — 7 — 8 — 9 — 5 — 6 — 4
4 - 1 — 8 — 7 - 1 — 5 — 6 - 2 — 4 — 5 - 2 — 3 — 3 - 1
8 — 6 — 9 — 6 — 2 — 4 — 1 — 5 — 2
6 - 4 — 1 — 9 - 5 — 1 — 3 - 1 — 3 — 🏁 — 4 — 7 - 3

Maze 51.

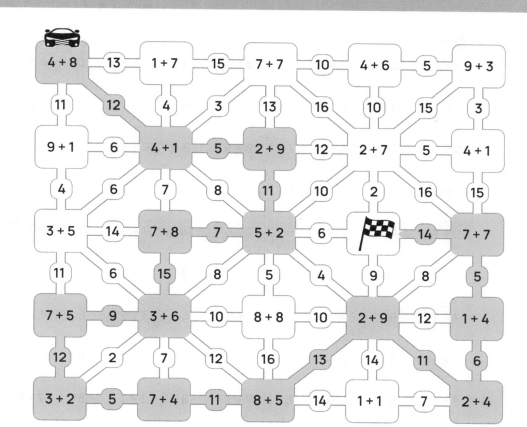

Maze 52.

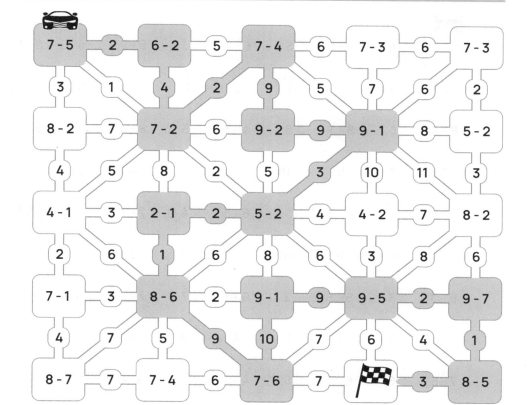

Maze 53.

2 + 7	10	8 + 4	7	2 + 4	6	7 + 9	16	4 + 4
8	9	6	11	5	9	11	12	8
2 + 1	10	5 + 3	7	9 + 9	8	4 + 5	10	1 + 2
16	1	8	5	12	16	16	6	3
9 + 8	4	2 + 2	5	7 + 6	14	7 + 9	17	
17	19	6	11	15	13	5	3	11
7 + 2	9	8 + 3	12	1 + 6	4	3 + 2	6	1 + 3
8	8	13	14	8	8	7	8	3
8 + 5	5	3 + 9	8	7 + 1	8	5 + 2	3	7 + 1

Maze 54.

8 − 7	1	9 − 5	5	6 − 4	3	5 − 2	4	5 − 1
2	3	4	7	2	1	1	9	2
8 − 4	6	8 − 1	8	4 − 3	3	8 − 4	7	6 − 4
2	3	5	10	1	6	4	5	1
3 − 1	8	9 − 3	3	6 − 3	4	2 − 1	4	
3	8	6	6	5	9	3	6	7
8 − 3	3	6 − 5	2	9 − 1	7	7 − 1	6	9 − 2
4	8	1	1	4	8	4	5	4
7 − 5	6	6 − 1	5	4 − 2	2	9 − 8	1	9 − 4

ANSWERS

Maze 55.

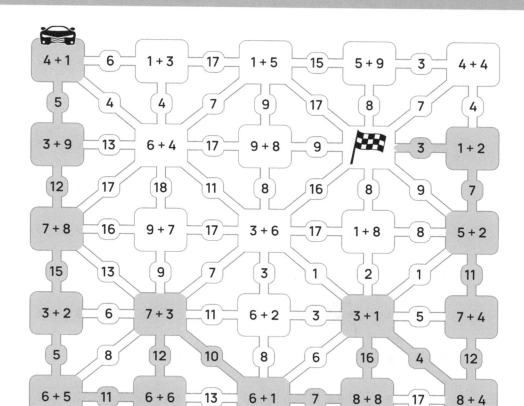

Maze 56.

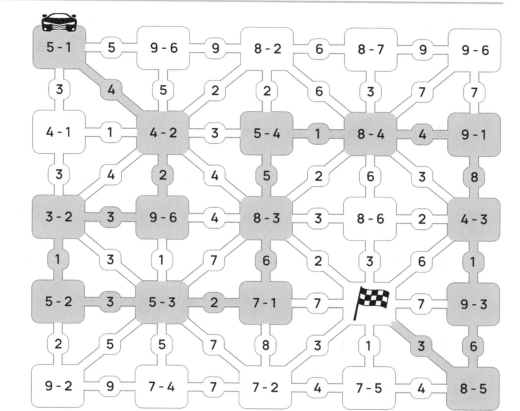

Maze 57.

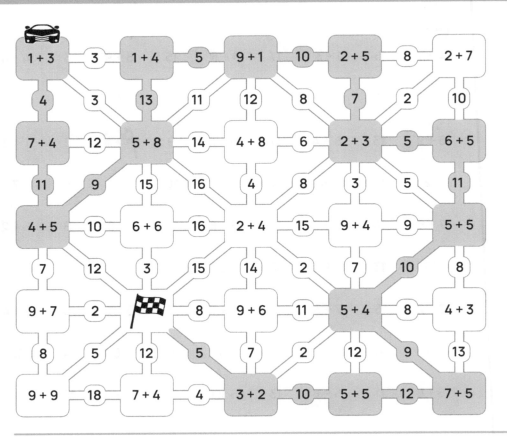

Maze 58.

Maze 59.

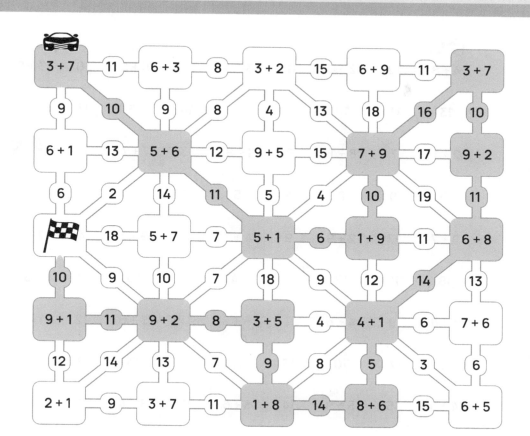

Maze 60.

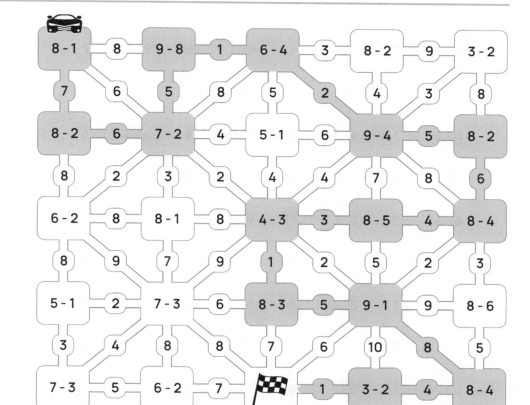

Maze 61.

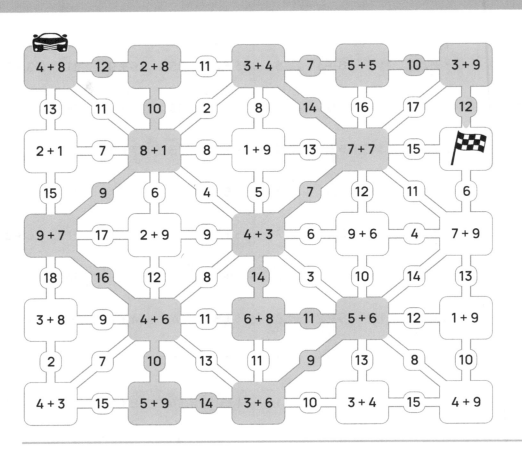

Maze 62.

Maze 63.

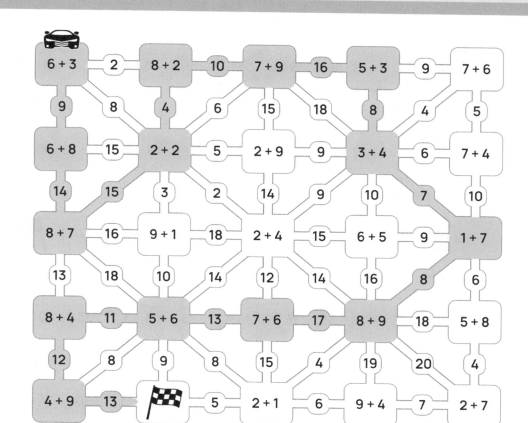

Maze 64.

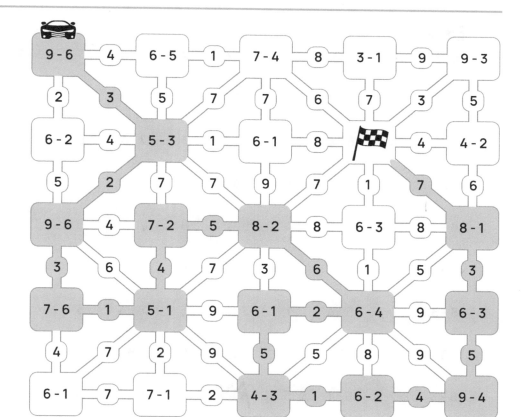

Maze 65.

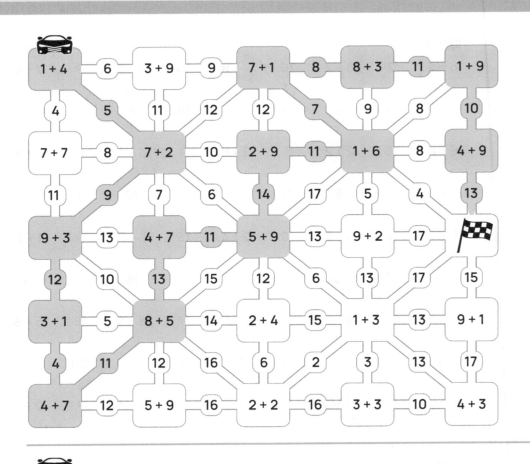

Maze 66.

Maze 67.

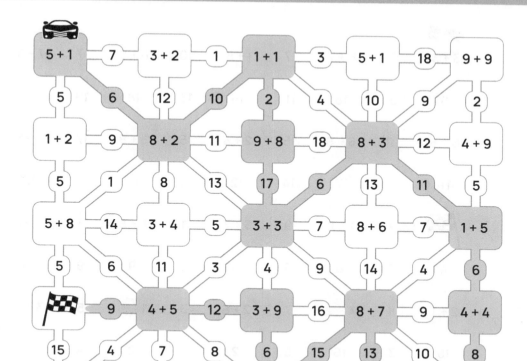

Maze 68.

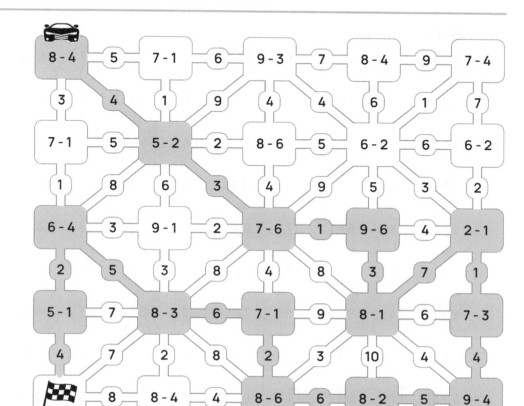

Maze 69.

3 + 3	7	8 + 7	17	1 + 5	10	6 + 5	17	7 + 3

Maze grid 69:

Row 1: 3 + 3 — 7 — 8 + 7 — 17 — 1 + 5 — 10 — 6 + 5 — 17 — 7 + 3
Col values: 6, 5, 16, 11, 15, 13, 18, 19, 13
Row 2: 6 + 6 — 12 — 6 + 8 — 15 — 2 + 4 — 15 — 8 + 8 — 17 — 3 + 5
Col values: 11, 1, 17, 14, 12, 10, 14, 16, 12
Row 3: (flag) — 2 — 1 + 1 — 9 — 3 + 7 — 11 — 4 + 5 — 11 — 6 + 5
Col values: 4, 9, 6, 5, 8, 13, 9, 9, 10
Row 4: 2 + 1 — 8 — 4 + 2 — 7 — 2 + 6 — 3 — 1 + 3 — 5 — 3 + 4
Col values: 15, 3, 16, 5, 2, 7, 2, 4, 3
Row 5: 3 + 8 — 15 — 7 + 9 — 3 — 1 + 2 — 12 — 7 + 5 — 2 — 1 + 1

Maze 70.

Maze grid 70:

Row 1: 3 − 2 — 2 — 8 − 3 — 3 — (flag) — 6 — 3 − 2 — 7 — 8 − 7
Col values: 3, 1, 5, 1, 7, 8, 6, 7, 8
Row 2: 9 − 2 — 4 — 5 − 3 — 3 — 8 − 1 — 4 — 5 − 1 — 3 — 8 − 7
Col values: 3, 3, 1, 2, 10, 11, 2, 5, 4
Row 3: 2 − 1 — 3 — 6 − 1 — 7 — 9 − 1 — 9 — 6 − 3 — 6 — 6 − 1
Col values: 7, 1, 3, 8, 6, 5, 3, 7, 3
Row 4: 8 − 3 — 4 — 9 − 5 — 5 — 7 − 1 — 2 — 5 − 4 — 1 — 4 − 1
Col values: 5, 1, 6, 7, 2, 5, 5, 7, 2
Row 5: 7 − 5 — 2 — 8 − 7 — 1 — 8 − 5 — 3 — 6 − 1 — 6 — 9 − 7

Maze 71.

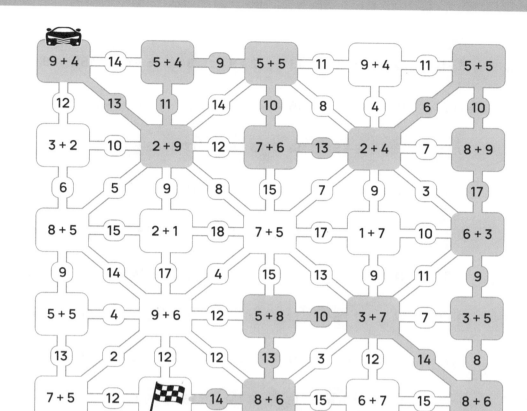

Maze 72.

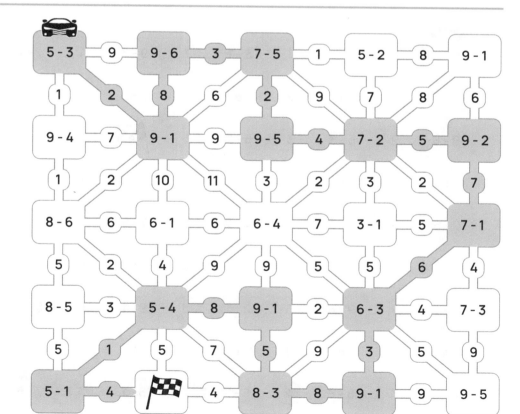

Maze 73.

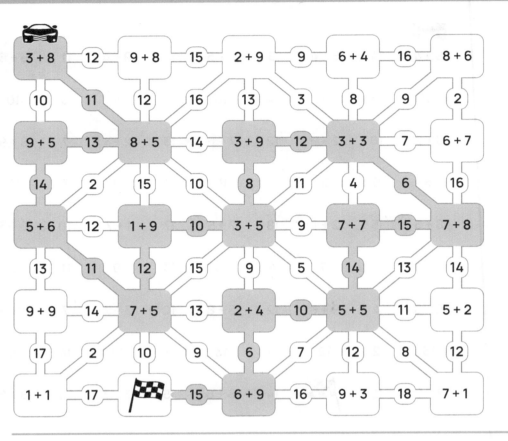

Maze 74.

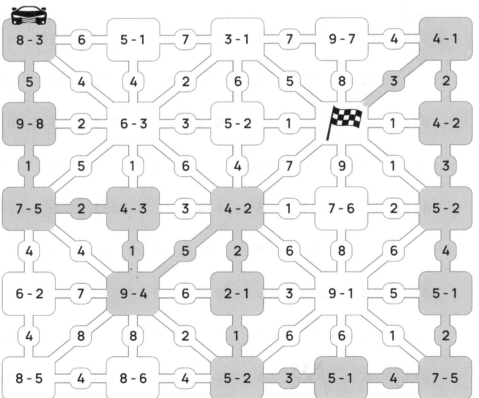

Maze 75.

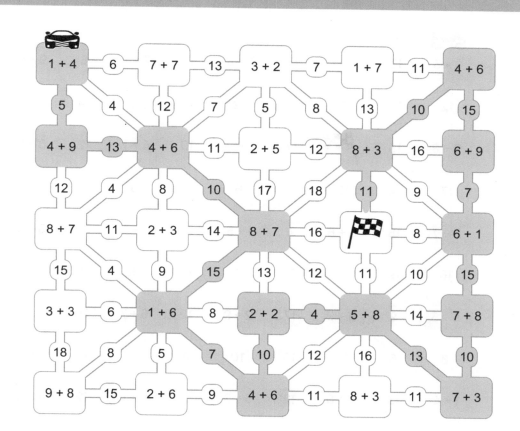

Maze 76.

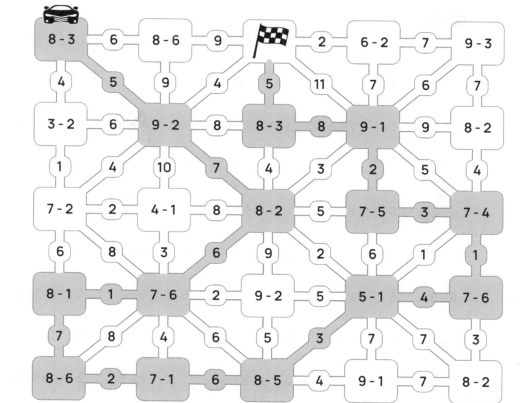

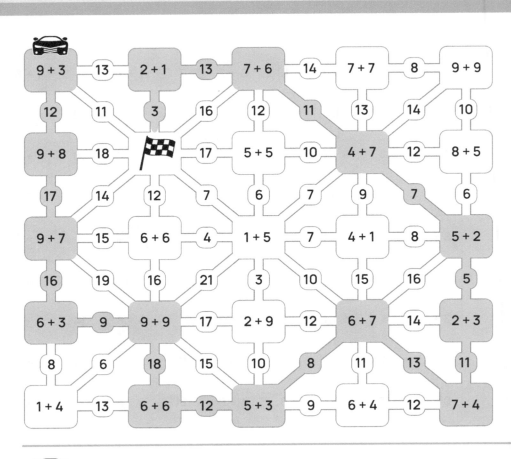

Maze 77.

Maze 78.

Maze 79.

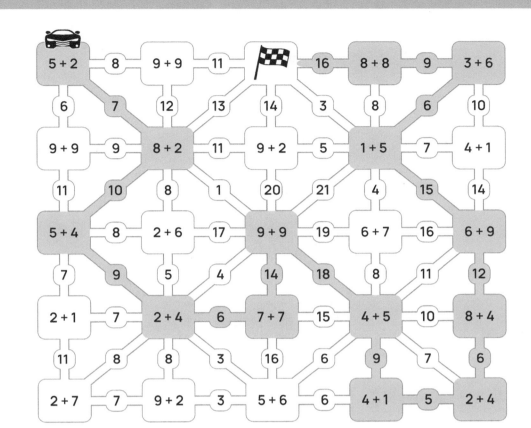

Maze 80.

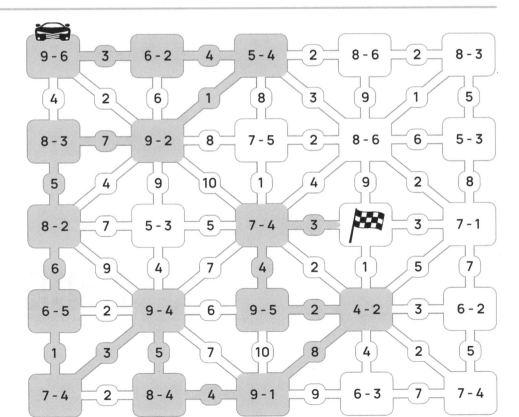

Made in United States
Cleveland, OH
02 December 2024